プリント形式のリアル過去問で本番の臨場感！

福岡県

久留米信愛中学校

2025年春受験用

解答集

本書は，実物をなるべくそのままに，プリント形式で年度ごとに収録しています。
問題用紙を教科別に分けて使うことができるので，本番さながらの演習ができます。

■　収録内容

・解答集(この冊子です)

書籍ＩＤ番号，この問題集の使い方，最新年度実物データ，リアル過去問の活用，
解答例と解説，ご使用にあたってのお願い・ご注意，お問い合わせ

・2024(令和６)年度 ～ 2021(令和３)年度　学力検査問題

JN131765

○は収録あり	年度	'24	'23	'22	'21		
■ 問題(A日程)		○	○	○	○		
■ 解答用紙		○	○	○	○		
■ 配点(大問ごと)		○	○	○	○		

算数に解説があります

注)国語問題文非掲載:2023年度の三, 2022年度の三, 2021年度の三

問題文の非掲載につきまして

著作権上の都合により，本書に収録している過去入試問題の本文の一部を掲載しておりません。ご不便をおかけし，誠に申し訳ございません。

本文の一部を掲載できなかったことによる国語の演習不足を補うため，論説文および小説文の演習問題のダウンロード付録があります。弊社ウェブサイトから書籍ＩＤ番号を入力してご利用ください。

なお，問題の量，形式，難易度などの傾向が，実際の入試問題と一致しない場合があります。

教英出版

■ 書籍ＩＤ番号

入試に役立つダウンロード付録や学校情報などを随時更新して掲載しています。
教英出版ウェブサイトの「ご購入者様のページ」画面で，書籍ＩＤ番号を入力してご利用ください。

書籍ＩＤ番号	114440

（有効期限：2025年9月30日まで）

【入試に役立つダウンロード付録】
「要点のまとめ(国語／算数)」
「課題作文演習」ほか

■ この問題集の使い方

年度ごとにプリント形式で収録しています。針を外して教科ごとに分けて使用します。①片側，②中央のどちらかでとじてありますので，下図を参考に，問題用紙と解答用紙に分けて準備をしましょう（解答用紙がない場合もあります）。

針を外すときは，けがをしないように十分注意してください。また，針を外すと紛失しやすくなりますので気をつけましょう。

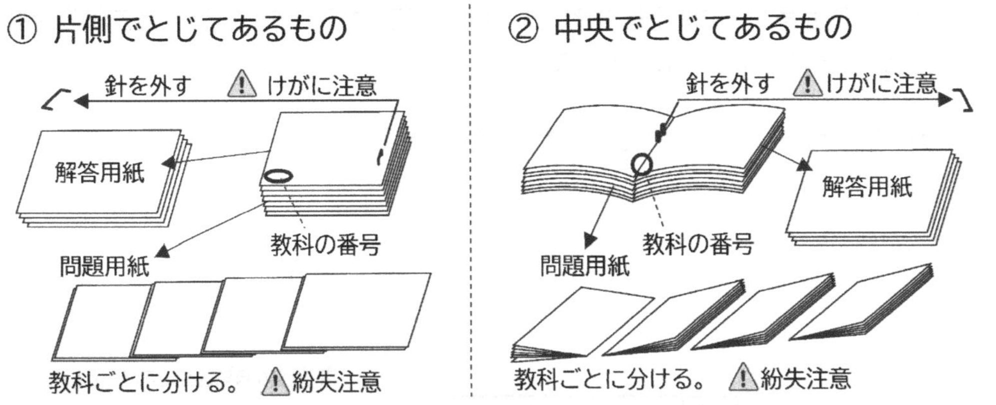

※教科数が上図と異なる場合があります。
解答用紙がない場合や，問題と一体になっている場合があります。
教科の番号は，教科ごとに分けるときの参考にしてください。

■ 最新年度 実物データ

実物をなるべくそのままに編集していますが，収録の都合上，実際の試験問題とは異なる場合があります。実物のサイズ，様式は右表で確認してください。

問題用紙	Ａ４冊子(二つ折り)
解答用紙	Ａ３プリント(表紙裏)

リアル過去問の活用

～リアル過去問なら入試本番で力を発揮することができる～

本番を体験しよう！

問題用紙の形式（縦向き / 横向き），問題の配置や余白など，実物に近い紙面構成なので本番の臨場感が味わえます。まずはパラパラとめくって眺めてみてください。「これが志望校の入試問題なんだ！」と思えば入試に向けて気持ちが高まることでしょう。

入試を知ろう！

同じ教科の過去数年分の問題紙面を並べて，見比べてみましょう。

① 問題の量

毎年同じ大問数か，年によって違うのか，また全体の問題量はどのくらいか知っておきましょう。どのくらいのスピードで解けば時間内に終わるのか，大問ひとつにかけられる時間を計算してみましょう。

② 出題分野

よく出題されている分野とそうでない分野を見つけましょう。同じような問題が過去にも出題されていることに気がつくはずです。

③ 出題順序

得意な分野が毎年同じ大問番号で出題されていると分かれば，本番で取りこぼさないように先回りして解答することができるでしょう。

④ 解答方法

記述式か選択式か（マークシートか），見ておきましょう。記述式なら，単位まで書く必要があるかどうか，文字数はどのくらいかなど，細かいところまでチェックしておきましょう。計算過程を書く必要があるかどうかも重要です。

⑤ 問題の難易度

必ず正解したい基本問題，条件や指示の読み間違いといったケアレスミスに気をつけたい問題，後回しにしたほうがいい問題などをチェックしておきましょう。

問題を解こう！

志望校の入試傾向をつかんだら，問題を何度も解いていきましょう。ほかにも問題文の独特な言いまわしや，その学校独自の答え方を発見できることもあるでしょう。オリンピックや環境問題など，話題になった出来事を毎年出題する学校だと分かれば，日頃のニュースの見かたも変わってきます。

こうして志望校の入試傾向を知り対策を立てることこそが，過去問を解く最大の理由なのです。

実力を知ろう！

過去問を解くにあたって，得点はそれほど重要ではありません。大切なのは，志望校の過去問演習を通して，苦手な教科，苦手な分野を知ることです。苦手な教科，分野が分かったら，教科書や参考書に戻って重点的に学習する時間をつくりましょう。今の自分の実力を知れば，入試本番までの勉強の道すじが見えてきます。

試験に慣れよう！

入試では時間配分も重要です。本番で時間が足りなくなってあわてないように，リアル過去問で実戦演習をして，時間配分や出題パターンに慣れておきましょう。教科ごとに気持ちを切り替える練習もしておきましょう。

心を整えよう！

入試は誰でも緊張するものです。入試前日になったら，演習をやり尽くしたリアル過去問の表紙を眺めてみましょう。問題の内容を見る必要はもうありません。どんな形式だったかな？受験番号や氏名はどこに書くのかな？…ほんの少し見ておくだけでも，志望校の入試に向けて心の準備が整うことでしょう。

そして入試本番では，見慣れた問題紙面が緊張した心を落ち着かせてくれるはずです。

※まれに入試形式を変更する学校もありますが，条件はほかの受験生も同じです。心を整えてあせらずに問題に取りかかりましょう。

久留米信愛中学校

《国　語》

一　①年賀　②辞書　③成長　④植　⑤着陸　⑥風習　⑦売買　⑧いっし　⑨うてん
⑩まるた

二　①発　②才　③照　④手　⑤備

三　問一．エ　問二．１．イ　２．ア　問三．ウ　問四．(1)はじめ…受け手　終わり…ぶこと
(2)ア．はじめ…店舗を　終わり…をする　イ．はじめ…「紳士　終わり…メージ
問五．理解を助けてくれるもの。　問六．ア．ひとくくり　イ．個人として人を見る　ウ．自分の考え
エ．新しい経験や情報を取り込み、考え方を修正していく柔軟さ　問七．エ

四　問一．Ａ．エ　Ｂ．イ　問二．１．ウ　２．ア　問三．ア．冷静　イ．落ちついた　問四．クマの危険から助かったことで高揚したり、おじさんに迷惑をかけたと落ち込んだりしたこと。　問五．エ　問六．ア

《算　数》

1　(1)50　(2)24　(3)$\frac{1}{2}$　(4)1　(5)$\frac{1}{2}$　(6)150　(7)$\frac{2}{3}$　(8)(あ)600　(い)1000
(9)(あ)0.25　(い)0.00025　(10)120　(11)103　(12)89　(13)66　(14)(あ)27　(い)9　(15)18

2　(1)12　(2)23　(3)6分40秒後　(4)16

3　(1)92　(2)1538.6　(3)9.42

4　(1)ア．30　イ．1　ウ．31　エ．15　(2)20分25秒

《理　科》

1　問１．ア　問２．オ　問３．ウ　問４．ア　問５．磁力の強い磁石にかえる。　問６．①ア　②イ

2　問１．Ａ．二酸化炭素　Ｂ．水素　Ｃ．アンモニア　Ｄ．酸素　問２．Ａ．２　Ｂ．１　Ｃ．３　Ｄ．１
問３．重そう　問４．亜鉛　問５．水素　問６．0.6　問７．98.5

3　問１．ウ　問２．②エ　③イ　問３．Ａ．ア　Ｂ．ウ　問４．ア．Ｃ　イ．広　ウ．敵　エ．Ｄ　オ．両目
問５．歯の特徴…Ａ　目のつき方…Ｄ　走り方…Ｅ　走る距離…Ｇ　足のうらのようす…Ｊ

4　問１．Ｆ　問２．Ｄ　問３．Ｅ　問４．①イ　②イ　③ア

《社　会》

1　問１．［都道府県／記号］　１．［群馬県／キ］　２．［鳥取県／ウ］　３．［岐阜県／オ］　４．［宮崎県／イ］
問２．高地に位置しており，冷涼な気候であるから。　問３．出荷時期を早めることによって高い値段で販売ができる。

2　問１．イ　問２．エ　問３．ソウル　問４．ハングル　問５．ウ　問６．ア　問７．ア

3　問１．ア　問２．ウ　問３．高度経済成長　問４．ア　問５．エ　問６．ウ　問７．条例
問８．イ　問９．２つ以上の異なる動力源をかけ合わせて走る

4　問１．(1)エ　(2)源氏物語　問２．(1)佐賀県　(2)収穫した食糧などを保管するため。
問３．(1)仏教の力で疫病や反乱が続く世の中を治めるため。　(2)イ　問４．(1)イ　(2)エ　問５．(1)参勤交代
(2)百姓　(3)ア　問６．Ｂ→Ｃ→Ａ→Ｅ→Ｄ

1 (1) 与式＝72＋16－38＝88－38＝**50**

(2) 与式＝$12\times 8\times \frac{1}{4}=12\times 2=$**24**

(3) 与式＝$\frac{3+4-1}{12}=\frac{6}{12}=\frac{\mathbf{1}}{\mathbf{2}}$

(4) 与式＝$\frac{12}{125}\times\frac{125}{1000}\div\frac{12}{1000}=\frac{12}{1000}\times\frac{1000}{12}=$**1**

(5) 与式＝(18－６)÷24＝12÷24＝$\frac{\mathbf{1}}{\mathbf{2}}$

(6) 与式＝33.6×0.1×15＋6.64×15＝(3.36＋6.64)×15＝10×15＝**150**

(7) □＝３×$\frac{2}{9}=\frac{\mathbf{2}}{\mathbf{3}}$

(8) 時速36㎞＝分速$\frac{36\times 1000}{60}$m＝分速**600**m＝秒速$\frac{600\times 100}{60}$㎝＝秒速**1000**㎝

(9) **【解き方】１Ｌ＝10㎝×10㎝×10㎝＝1000㎤，１㎤＝１㎝×１㎝×１㎝＝0.01m×0.01m×0.01m＝0.000001㎥**

１Ｌ＝1000㎤だから，250㎤＝$\frac{250}{1000}$Ｌ＝**0.25**Ｌ　１㎤＝0.000001㎥だから，250㎤＝(250×0.000001)㎥＝**0.00025**㎥

(10) **【解き方】(食塩の量)÷(濃度)＝(食塩水の量)を利用する。**

８％の食塩水200ｇにふくまれる食塩の量は，200×$\frac{8}{100}$＝16(ｇ)　食塩を16ｇふくむ５％の食塩水の量は，16÷$\frac{5}{100}$＝320(ｇ)　よって，加える水の量は，320－200＝**120**(ｇ)

(11) **【解き方】(売り上げ)－(利益)＝(仕入れ値)を利用する。**

１個120円で売ったパンは，400×$\frac{7}{10}$＝280(個)，１個80円で売ったパンは，400－280＝120(個)だから，売り上げの合計は，120×280＋80×120＝120×(280＋80)＝120×360＝43200(円)

よって，仕入れ値の合計は，43200－2000＝41200(円)だから，１個あたりの仕入れ値は，41200÷400＝**103**(円)

(12) **【解き方】この数の列の３番目以降の数は，直前の２つの数の和になっている。このような数列をフィボナッチ数列という。**

７番目の数は８＋13＝21，８番目の数は13＋21＝34，９番目の数は21＋34＝55，10番目の数は34＋55＝**89**である。

(13) (上底＋下底)×(高さ)÷２＝(８＋14)×６÷２＝**66**(㎠)

(14) **【解き方】立体をａ倍に拡大(または縮小)すると，体積はａ×ａ×ａ(倍)に，表面積はａ×ａ(倍)になる。**

立方体の１辺の長さを３倍にするということは図形全体を３倍に拡大するということだから，体積は３×３×３＝**27**(倍)に，表面積は３×３＝**９**(倍)になる。

(15) **【解き方】展開図を組み立てると右図のようになる。**

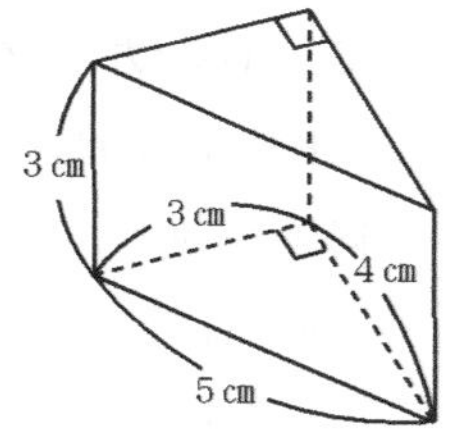

底面積が，３×４÷２＝６(㎠)，高さが３㎝だから，体積は，６×３＝**18**(㎤)

2 (1) **【解き方】父親と母親の年齢の差を①とし，父親と母親の年齢の和を２通りの式で表す。**

父親は42歳，母親は42－①(歳)だから，父親と母親の年齢の和は，42＋(42－①)＝84－①(歳)…㋐

また，春子さんと妹の年齢の差は，①×２＝②だから，春子さんの年齢は４＋②(歳)なので，春子さんと妹の年齢の和は，(４＋②)＋４＝８＋②(歳)　この５倍が父親と母親の年齢の和だから，(８＋②)×５＝40＋⑩(歳)…㋑

㋐と㋑が等しく，それぞれに①を足すと，84歳と40＋⑪(歳)となるから，⑪は84－40＝44(歳)にあたる。

よって，①は44×$\frac{①}{⑪}$＝４(歳)にあたるから，春子さんの年齢は，４＋４×２＝**12**(歳)

(2) **【解き方】Ａの水の量の２倍とＢの水の量が等しくなるのは何分後かを考える。**

最初，Ａの水の量の２倍は160×２＝320(Ｌ)であり，Ｂの水の量との差は，1240－320＝920(Ｌ)

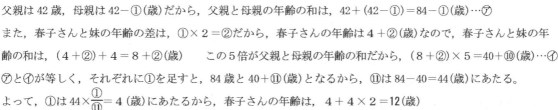

1分ごとに，Aの水の量の2倍は(10×3)×2＝60(L)増え，Bの水の量は10×2＝20(L)増えるから，
60－20＝40(L)差が縮まる。よって，求める時間は，920÷40＝**23**(分後)

(3)　【解き方】2人が20分で進んだ道のりの和は，トラック9周分だから，400×9＝3600(m)である。
2人の速さの和は，$\frac{3600}{20}$＝180より，分速180mだから，信さんの速さは，180×$\frac{2}{2+1}$＝120より，分速120mである。また，愛さんの速さは，180－120＝60より，分速60mである。2人が同じ地点から時計回りに同時に進んだとき，初めて信さんが愛さんを追いぬくのは，2人が進んだ道のりの差が，トラック1周分の400mになったときだから，求める時間は，$\frac{400}{120-60}$＝$\frac{20}{3}$＝6$\frac{2}{3}$(分後)→6分($\frac{2}{3}$×60)秒後＝**6分40秒後**

(4)　【解き方】右のような表にまとめ，㋒の人数を求める。
㋐＝35－21＝14(人)，㋑＝㋐－4＝14－4＝10(人)
よって，㋒＝26－㋑＝26－10＝**16**(人)

		みかん		合計
		好き	好きでない	
りんご	好き	㋒		21
	好きでない	㋑	4	㋐
合計		26		35

3　**(1)　【解き方】縦の辺の長さの和と横の辺の長さの和をそれぞれ考える。**
右図のように補助線を引き，記号をおく(補助線はABもしくはBCと平行である)。LM＝10－1－7＝2(cm)だから，
DE＋FG＋HI＝12－2＝10(cm)
したがって，縦の辺の長さの和は，12＋10＋7＋1＋10＝40(cm)
IJ＝4－2＝2(cm)，JK＝20－8－6＝6(cm)，KL＝2cmだから，
IL＝2＋6＋2＝10(cm)なので，横の辺の長さの和は，
20＋8＋4＋2＋10＋2＋6＝52(cm)　　よって，周の長さは，40＋52＝**92**(cm)

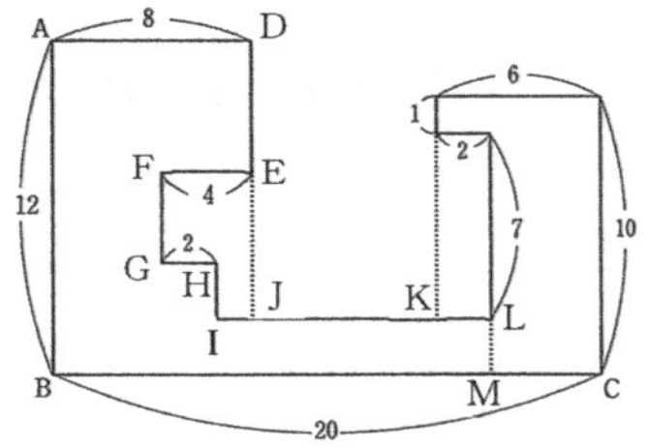

(2)　【解き方】立体全体を真上から見たときに見える面の面積は，半径10cmの円の面積と等しい。したがって，半径10cmの円の面積の2倍と，3つの円柱の側面積を合計すればよい。円柱などの柱体の側面積は，(底面の周の長さ)×(高さ)で求められる。
円柱の側面積は，下から順に，(10×2×3.14)×10＝200×3.14(cm²)，(6×2×3.14)×6＝72×3.14(cm²)，(3×2×3.14)×3＝18×3.14(cm²)であり，これらの合計は，200×3.14＋72×3.14＋18×3.14＝(200＋72＋18)×3.14＝290×3.14(cm²)
よって，この立体の表面積は，(10×10×3.14)×2＋290×3.14＝(200＋290)×3.14＝490×3.14＝**1538.6**(cm²)

(3)　【解き方】右のように作図し，三角形BCDを4つの三角形に分ける。
三角形AECはAC＝AEの二等辺三角形で角ACE＝60°だから，正三角形である。
同様に三角形AGDも正三角形である。角EAG＝180°－60°－60°＝60°だから，三角形AEGも正三角形である。したがって，三角形BEGは3辺の長さがすべて6cmになるので，正三角形である。つまり，正三角形BCDは1辺が6cmの正三角形4つに分けられる。AはCDの真ん中の点だから，直線ABは正三角形AEGと正三角形BEGの面積を2等分するので，三角形ABEの面積は1辺が6cmの正三角形の面積と等しく，角EAB＝60°÷2＝30°である。

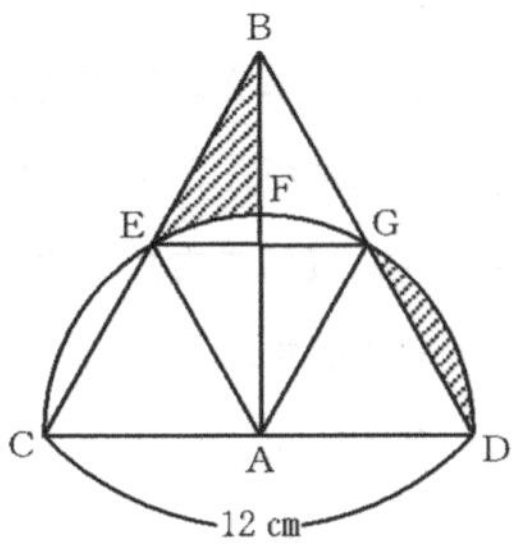

1辺が6cmの正三角形の面積をSとすると，求める面積は，
{(三角形ABEの面積)－(おうぎ形AFEの面積)}＋{(おうぎ形ADGの面積)－(三角形AGDの面積)}＝
S－(おうぎ形AFEの面積)＋(おうぎ形ADGの面積)－S＝(おうぎ形ADGの面積)－(おうぎ形AFEの面積)＝

$6\times6\times3.14\times\frac{60}{360}-6\times6\times3.14\times\frac{30}{360}=36\times3.14\times(\frac{60}{360}-\frac{30}{360})=3\times3.14=$**9.42**(㎠)

4 (1)　水面が筒より低いときは，水が入る部分の底面積は，(池の底面積)－(筒の底面積)＝150－6＝144(㎡)である。50 ㎝$=\frac{50}{100}$m$=\frac{1}{2}$mだから，筒より低い部分に入る水は$144\times\frac{1}{2}=72$(㎥)である。したがって，筒の高さまで水が入るまでにかかる時間は，72÷2.4＝**30**(分)

水面が筒の高さより高くなると，筒の中に水が入っていくので，池の深さが 146 ㎝$=\frac{146}{100}$mになったときに入っている水の体積は，$150\times\frac{146}{100}=219$(㎥)　　よって，池の深さが 146 ㎝になるまでにかかる時間は，$219\div2.4=\frac{365}{4}=91\frac{1}{4}$(分)→91 分$(\frac{1}{4}\times60)$秒＝ **1 時間 31 分 15 秒**

(2)　(1)より，水を入れ始めてから 30 分後までは毎分 2.4 ㎥の割合で水が入っていた。ここから池の深さが 146 ㎝になるまでに入る水の量は，219－72＝147(㎥)であり，この量の水を，2.4－0.6＝1.8 より毎分 1.8 ㎥の割合で入れたから，実際にかかった時間は，$30+147\div1.8=30+\frac{245}{3}=111\frac{2}{3}$(分)

よって，求める時間は，$111\frac{2}{3}-91\frac{1}{4}=20\frac{5}{12}$(分)→20 分$(\frac{5}{12}\times60)$秒＝**20 分 25 秒**

2023 解答例 令和5年度　久留米信愛中学校

《国　語》

一　①宿命　②済　③祖父　④打　⑤税金　⑥肥料　⑦毒　⑧いとな　⑨きんく　⑩ひりき

二　①おっしゃいました　②○　③うかがえば　④さしあげる　⑤○

三　問一．A．オ　B．イ　問二．イ　問三．エ　問四．ア．はじめ…お互い　終わり…る部隊　イ．はじめ…生存の　終わり…少ない　問五．人々が自己責任を唱えて、他人を助けることをしなくなった状態。
問六．ウ　問七．ア

四　問一．A．ウ　B．イ　問二．1．イ　2．ウ　問三．新と会っても感情が揺れることはないと思っていたのに、自分と同じ痛みを負ったつもりの新を激しく嫌悪する気持ち。　問四．はじめ…まわりに当　終わり…きなかった　問五．ア，エ　問六．エ

《算　数》

1　(1)30　(2)6　(3)$1\frac{1}{18}$　(4)$\frac{2}{3}$　(5)4　(6)0.67　(7)2　(8)(あ)1300000　(い)1.3　(9)(あ)3500000　(い)0.035　(10)11　(11)4　(12)(あ)24　(い)108000　(13)21　(14)27　(15)75.36

2　(1)62　(2)2　(3)54，40　(4)115

3　(1)25.12　(2)48　(3)934.06

4　(1)あ．12　い．12　う．42　(2)30　(3)45

《理　科》

1　問1．温度…A　明るさ…B　問2．イ　問3．二酸化炭素　問4．ウ　問5．色…黒　重さ…軽くなる
問6．酸　問7．記号…ア，イ　名前…有機物

2　問1．イ　問2．イ　問3．ウ　問4．ア　問5．電気エネルギーの節約になる。

3　問1．クモ　問2．昆虫　問3．エ　問4．ウ　問5．エ　問6．①花粉　②受粉

4　問1．南　問2．エ　問3．観測日…3　理由…日光が当たらない，くもりの日だから。　問4．オ

《社　会》

1　問1．ウ　問2．ア，ウ

2　問1．A．信濃　B．滋賀　問2．(1)海から大陸に向かって南東季節風が吹くため。　(2)ア　(3)ア
問3．洪水や高潮などから人々の生活を守るため。　問4．(1)位置…イ　首都…パリ　(2)アフリカ
(3)フィヨルド

3　問1．A．出島　B．小村寿太郎　問2．(1)鑑真　(2)エ　問3．ウ　問4．書院造　問5．(1)鉄砲が使用された。　(2)エ　(3)イ　(4)武士と，百姓・町人の身分を区別するため。　問6．エ　問7．ウ→イ→ア
問8．う

4　問1．イ　問2．ウクライナ　問3．エ　問4．ア　問5．ウ　問6．イ　問7．ア，オ　問8．社会
問9．エ　問10．ウ

2023 算数解説 ▶ 久留米信愛中学校

令和５年度

1 (1)　与式＝６＋24＝**30**

(2)　与式＝３×２＝**6**

(3)　与式$=\frac{12}{18}-\frac{8}{18}+\frac{15}{18}=\frac{19}{18}=\mathbf{1\frac{1}{18}}$

(4)　与式$=1\frac{3}{4}\times\frac{8}{9}\div\frac{7}{3}=\frac{7}{4}\times\frac{8}{9}\times\frac{3}{7}=\mathbf{\frac{2}{3}}$

(5)　与式＝(30－６)÷６＝24÷６＝**4**

(6)　与式＝(24－14)×0.067＝10×0.067＝**0.67**

(7)　与式より，12＋□$=\frac{7}{2}\times4$　　□＝14－12＝**2**

(8)　**【解き方】1000 mg＝１ g，1000 g＝１kgである。**

1300 g＝(1300×1000) mg＝**1300000** mg，1300 g＝(1300÷1000) kg＝**1.3** kgである。

(9)　**【解き方】aは１辺の長さが 10m＝1000 cmの正方形の面積だから，１a＝(1000×1000)cm²＝1000000 cm²であり，100 a＝１ha である。**

3.5 a＝(3.5×1000000) cm²＝**3500000** cm²，3.5 a＝(3.5÷100) ha＝**0.035**ha である。

(10)　８試合の勝率が 62.5%のとき，８×0.625＝５(勝)している。また，25 試合で勝率が 60%のとき，25×0.6＝15(勝)している。よって，残りの試合で勝つ試合が 15－５＝10(試合)だと勝率が 60%ちょうどになるから，60%をこえるには **11**(試合)以上勝利すればよい。

(11)　**【解き方】右表を利用して考える。**

		猫		合計
		○	×	
犬	○		㋑	19
	×		23	
合計		12	㋐	50

※飼っているは○，飼っていないは×で表す

表の㋐＝50－12＝38(人)だから，㋑＝38－23＝15(人)となる。

よって，犬と猫を両方飼っている生徒は 19－15＝**4**(人)である。

(12)　４分＝(４×60)秒＝240 秒だから，１秒間に表示する静止画の数は 5760÷240＝**24**(枚)である。完成した動画は１時間 15 分＝75 分だから，静止画の数は $5760\times\frac{75}{4}=$**108000**(枚)である。

(13)　**【解き方】右図のように親指から小指までに①から⑤の番号をふる。**

それぞれの指は２進数を表し，①は１，②は２，③は２×２，④は２×２×２，⑤は２×２×２×２を表す。例えば，②と③の指が立っていれば，２＋２×２＝６となる。

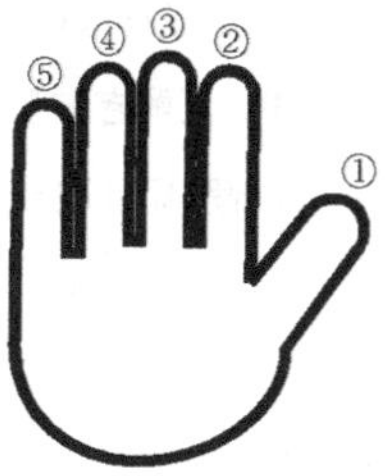

①と③と⑤の指が立っているので，求める数は１＋２×２＋２×２×２×２＝**21** である。

(14)　**【解き方】同じ形で大きさが異なる三角形の辺の長さの比がａ：ｂであるとき，面積の比は(ａ×ａ)：(ｂ×ｂ)となることを利用する。**

ＡＤとＢＣは平行だから，角ＯＤＡ＝角ＯＢＣ，角ＤＡＯ＝角ＢＣＯとなるので，三角形ＡＯＤと三角形ＣＯＢは同じ形で大きさが異なる三角形である。また，辺の長さの比は６：９＝２：３だから，面積の比は(２×２)：(３×３)＝４：９である。したがって，三角形ＯＢＣの面積は $12\times\frac{9}{4}=$**27**(cm²)

(15)　**【解き方】この立体は底面の半径が２cmの円，高さが６cmの円柱である。**

求める体積は，２×２×3.14×６＝**75.36**(cm³)

2 (1)　**【解き方】(平均)×(個数)＝(合計)となることを利用する。**

Ａ＋Ｂ＝55×２＝110，Ｂ＋Ｃ＝66×２＝132 である。これらを足すと，Ａ＋Ｂ＋Ｂ＋Ｃ＝110＋132＝242 となる。

Ａ＋Ｂ＋Ｃ＝180 だから，Ｂ＝(Ａ＋Ｂ＋Ｂ＋Ｃ)－(Ａ＋Ｂ＋Ｃ)＝242－180＝**62** である。

(2)　**【解き方】12 日目までで残っている課題は全体の $1-\frac{4}{13}=\frac{9}{13}$ となるから，1 日目から 12 日目までに進めたページ数と 13 日目から 30 日目までに進めたページ数の比は 4 ： 9 である。**

13 日目から 30 日目までの 30－13＋１＝18(日間)で進めたページは３×18＝54(ページ)である。よって，求めるページ数は $54\times\frac{4}{9}\div12=$ **2** (ページ)である。

(3)　**【解き方】分速 130m で走った道のりは 130×25＝3250(m)だから，分速 150m で走った道のりは，7.7 km＝7700m より，7700－3250＝4450(m)である。**

分速 150m で走った時間は 4450÷150＝29 余り 100 より，$29\frac{100}{150}=29\frac{2}{3}$(分)である。よって，求める時間は，$25+29\frac{2}{3}=54\frac{2}{3}$(分)となり，$\frac{2}{3}$分＝$(60\times\frac{2}{3})$秒＝40 秒だから，**54 分 40 秒**である。

(4)　**【解き方】食塩を加えても水の量は変わらないことを利用する。**

濃度《のうど》が８％の食塩水 100ｇ中の水の量は 100×(１－0.08)＝92(ｇ)である。ここに食塩を加えると濃度が 20%になるから，100－20＝80(%)が 92ｇの水にあたる。よって，ふくまれる食塩の量は $92\times\frac{20}{80}=23$(ｇ)である。23ｇの食塩が溶けている 10%の食塩水の量は $23\times\frac{100}{10}=230$(ｇ)だから，加える水の量は 230－(92＋23)＝**115**(ｇ)である。

3　(1)　**【解き方】斜線《しゃせん》部分を右図の矢印のように移動させると，求める面積は半径４cmの半円の面積と等しいことがわかる。**

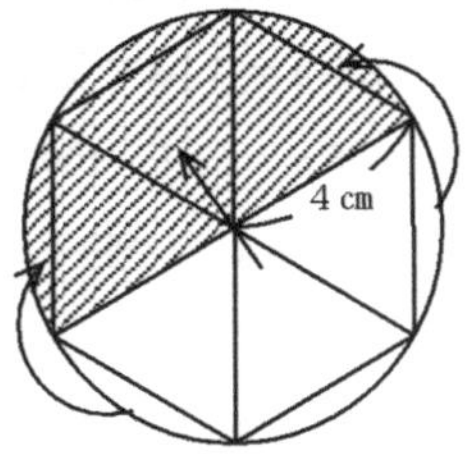

斜線部分の面積は，$4\times4\times3.14\times\frac{1}{2}=$ **25.12**(cm²)

(2)　**【解き方】正ｎ角形の１つの内角の大きさは $\frac{180°\times(n-2)}{n}$ で求められるから，正五角形の１つの内角の大きさは $\frac{180°\times3}{5}=108°$ である。**

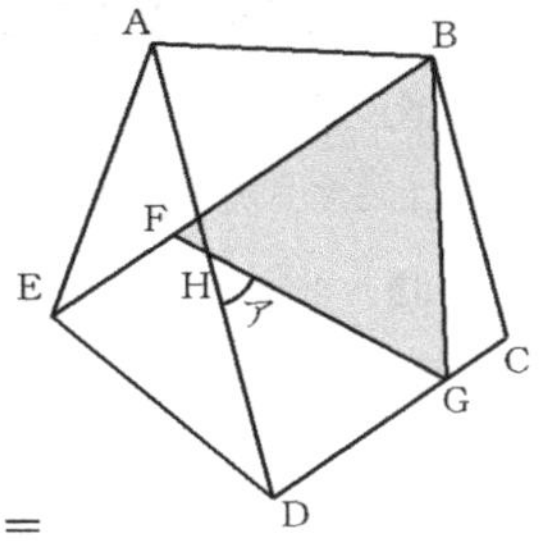

右図で，三角形ＡＢＥはＡＢ＝ＡＥの二等辺三角形だから，角ＡＢＥ＝(180°－108°)÷２＝36°である。角ＣＢＧ＝108°－36°－60°＝12°となる。

三角形の１つの外角は，これととなり合わない２つの内角の和に等しいから，

角ＢＧＤ＝12°＋108°＝120°より，角ＤＧＨ＝120°－60°＝60°である。また，

角ＥＤＡ＝角ＡＢＥ＝36°だから，角ＧＤＨ＝108°－36°＝72°

三角形ＤＧＨの内角の和より，角ア＝180°－60°－72°＝**48°**

(3)　**【解き方】底面の直径が２cm，高さが１cmの円柱は全部で１＋２＋３＋４＋５＋６＝21(個)切り取った。**

立方体の体積は 10×10×10＝1000(cm³)，円柱の体積は全部で１×１×3.14×１×21＝65.94(cm³)である。

よって，求める体積は 1000－65.94＝**934.06**(cm³)

4　(1)　信号で６回止まったとき，１回につき２分待つので，全部で２×６＝**12**(分)待つことになる。

２km 渋滞《じゅうたい》になる区間を時速 10 kmで走るのにかかる時間は，$2\div10=\frac{1}{5}$(時間)より，$(60\times\frac{1}{5})$分＝**12** 分である。

おばあちゃんの家までは 84－12＝72(分)車で走っていたことになり，そのうち 72－12＝60(分)，つまり１時間だけ時速 40 kmで走ったから，家からおばあちゃんの家までの道のりは２＋40×１＝**42**(km)である。

(2)　84 分＝$\frac{84}{60}$時間＝$\frac{7}{5}$時間で 42 km走ったことになるから，$42\div\frac{7}{5}=30$ より，時速 **30** kmである。

(3)　**【解き方】平均時速 40 kmで走った時間，平均時速 75 kmで走った時間，信号で止まった時間を合計する。**

平均時速 40 kmで１×２＝２(km)走るのにかかった時間は $2\div40=\frac{1}{20}$(時間)より，$(60\times\frac{1}{20})$分＝３(分)，平均時速 75 kmで走った時間は $(42-2)\div75=\frac{8}{15}$(時間)より，$(60\times\frac{8}{15})=32$(分)，信号で止まった時間は２×２＝４(分)

よって，前回よりも 84－(３＋32＋４)＝**45**(分)早く到着《とうちゃく》した。

2022 解答例 令和４年度　久留米信愛中学校

《国　語》

一　①乗車　②列島　③他言　④包帯　⑤規則　⑥念入　⑦退　⑧ね　⑨もんどう　⑩へた

二　①エ　②イ　③ア　④イ　⑤エ

三　問一．A．イ　B．エ　問二．ア　問三．雑談／雑話　問四．ア　問五．事前に決まっている議題
問六．ア．はじめ…その場　終わり…れない　イ．はじめ…その場　終わり…ちから
問七．はじめ…大切なこと　終わり…ものだから　問八．相手のいわないこと、いわないで感じていることを、非言語的な「コトバ」として、みんなで感じ、支え合う

四　問一．A．ア　B．ウ　C．エ　問二．ア　問三．はじめ…その街は古　終わり…っている。
問四．ア．祖父とベリカードを集めていた　イ．懐かしい　問五．１．ウ　２．イ　問六．エ

《算　数》

1　(1)97　(2)24　(3)$\frac{17}{30}$　(4)$\frac{2}{3}$　(5)4　(6)65　(7)7　(8)(あ)250000　(い)0.25　(9)(あ)720　(い)0.2
(10)40　(11)187　(12)68　(13)ア．(あ)　イ．(け)　(14)49.12　(15)168

2　(1)1050　(2)6　(3)53　(4)60

3　(1)80　(2)80　(3)110.8

4　(1)あ．0.6　い．600　う．500　え．14　(2)5，50　(3)水面の高さ…22.2　水の量…11.1

《理　科》

1　問１．①F　②A　③B　④G　問２．名称…肺静脈　記号…B　問３．ア　問４．①イ　②ウ
問５．ア　問６．鉄　問７．43.2

2　問１．ア　問２．ア　問３．①イ　②ア　③ウ　問４．ア　問５．エ　問６．4，27

3　問１．二酸化マンガン　問２．線香がはげしく燃える。　問３．250　問４．水にとけやすく，空気より軽いので，空気中で試験管を逆さにして集める。　問５．①イ　②ウ　③オ

4　問１．ウ　問２．おもり…60　ひも…30　問３．①ア　②ウ　③イ　問４．1.12　問５．カ

《社　会》

1　問１．(1)松山市　(2)農産物…みかん　都道府県…和歌山県　問２．記号…㋑　語句…中国　問３．ア
問４．エ　問５．ア　問６．(1)瀬戸内　(2)季節風が南北の山地でさえぎられるため。

2　問１．エ　問２．エ

3　問１．(1)イ→ア→ウ　(2)行基　問２．小野妹子　問３．ウ　問４．イ　問５．(1)十二単　(2)自分の娘を天皇に嫁がせ，うまれた子を天皇に立て，その天皇の摂政や関白となった。　問６．(1)イ　(2)ア　問７．(1)エ
(2)田中正造　問８．イ

4　問１．エ　問２．審議を慎重に行うため。　問３．イ　問４．ア
問５．(核兵器を)持たず，つくらず，持ち込ませず　問６．エ　問７．ウ　問８．バリアフリー　問９．エ，キ

1 (1) 与式＝90＋32－25＝122－25＝97

(2) 与式＝72÷３＝24

(3) 与式＝$\frac{10}{30}+\frac{12}{30}-\frac{5}{30}=\frac{17}{30}$

(4) 与式＝$\frac{4}{9}\div\frac{1}{8}\times\frac{3}{16}=\frac{4}{9}\times 8\times\frac{3}{16}=\frac{2}{3}$

(5) 与式＝(30－６)÷６＝24÷６＝４

(6) 与式＝2.6×６×10×0.625－6.5×８×0.625＝(156－52)×0.625＝104×0.625＝65

(7) ９と６の最小公倍数は 18 だから，分母を 18 で通分すると，□には，$\frac{20}{18}<\frac{\square\times 3}{18}<\frac{22}{18}$を満たす整数があてはまる。よって，□＝７である。

(8) １ｇ＝1000 mgより，250ｇ＝(250×1000) mg＝あ250000 mg
１ｇ＝$\frac{1}{1000}$kgより，250ｇ＝$(250\times\frac{1}{1000})$kg＝い0.25 kg

(9) １分＝60 秒より，12 分＝(12×60)秒＝あ720 秒　１分＝$\frac{1}{60}$時間より，12 分＝$(12\times\frac{1}{60})$時間＝い0.2 時間

(10) 360°が 100％に対応するから，144°は，$100\times\frac{144°}{360°}=40$(％)

(11) 定価は，1100×(１＋0.3)＝1430(円)だから，定価の１割引きは，1430×(１－0.1)＝1287(円)になる。
よって，この品物が売れたときの利益は，1287－1100＝187(円)

(12) **【解き方】偶数番目では横の長さが増え，奇数番目では縦の長さが増えている。**
２番目の横の長さは１＋１＝２(cm)，３番目の縦の長さは１＋２＝３(cm)，４番目の横の長さは２＋３＝５(cm)だから，ｎ番目に増える縦または横の辺の長さは，(ｎ－１)番目の縦と横の長さの和に等しい。
５番目の縦の長さは３＋５＝８(cm)，６番目の横の長さは５＋８＝13(cm)だから，７番目の縦の長さは，
８＋13＝21(cm)になる。横の長さは６番目の横の長さに等しく 13 cmだから，７番目の長方形の周の長さは，
(21＋13)×２＝68(cm)

(13) **【解き方】図１の展開図の愛と書かれた面の左側の辺を切り開いた辺は，右図の太線で描《か》かれる。**

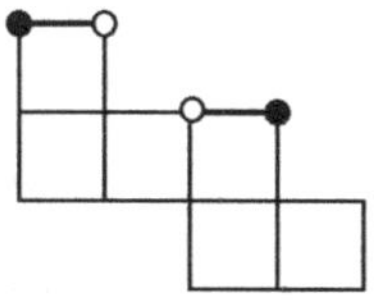

このとき，太線で描かれる辺の頂点の重なり方に注意して考えると，「信」の文字は，
ア(あ)の位置にあり，イ(け)の文字の向きになっていることがわかる。

(14) **【解き方】おうぎ形の周の長さには，曲線部分と直線部分があることに注意する。**
曲線部分は，$(12\times 2)\times 3.14\times\frac{120°}{360°}=25.12$(cm)だから，直線部分を加えて，25.12＋12×２＝49.12(cm)

(15) **【解き方】すべての面が直角に交わる平面だけでできた立体の表面積は，上下前後左右から見える図形の面積に等しい。**
上下からは，縦６cm，横８cmの長方形に見えるから，上下から見える部分の面積の和は，６×８×２＝96(cm²)
前後からは，縦２cm，横８cmの長方形の上に，１辺が２cmの正方形がのっているように見えるから，前後から見える部分の面積の和は，(２×８＋２×２)×２＝40(cm²)
左右からは，縦２cm，横６cmの長方形の上に，１辺が２cmの正方形がのっているように見えるから，左右から見える部分の面積の和は，(２×６＋２×２)×２＝32(cm²)
よって，求める表面積は，96＋40＋32＝168(cm²)

2 (1) **【解き方】3人は2回ずつ所持金の合計に現れるから，2900＋2300＋2700＝7900(円)は，3人の所持金の和の2倍に等しい。**

3人の所持金の和は 7900÷2＝3950(円)だから，さくらさんの所持金は，3950－2900＝1050(円)

(2) **【解き方】18日で全体の$\frac{4}{9}$になったから，18＋22＝40(日間)では，全体の$\frac{4}{9}\times\frac{40}{18}=\frac{80}{81}$を済ませたことになる。**

全体の$1-\frac{80}{81}=\frac{1}{81}$の仕事を済ませるのに3時間かかるから，$\frac{80}{81}$の仕事を済ませるのにかけた時間，つまり40日間の仕事にかけた時間は，3×80＝240(時間)である。よって，1日に働いていた時間は，240÷40＝6(時間)

(3) **【解き方】昨年の男子と女子を基準として考える。**

男子が2％減って女子が6％増えると，合計で1人増えたから，男子が100％減って，女子が$6\times\frac{100}{2}$＝300(％)増えたら，女子だけで$1\times\frac{100}{2}$＝50(人)増えたことになる。

昨年の女子の100＋300＝400(％)が150＋50＝200(人)にあたるから，昨年の女子の入学者数は，$200\div\frac{400}{100}$＝50(人)である。よって，今年の女子の入学者数は，50×(1＋0.06)＝53(人)

(4) **【解き方】右図のAとBでは，Aの方が電車の長さの2倍の分だけ多く走っている。**

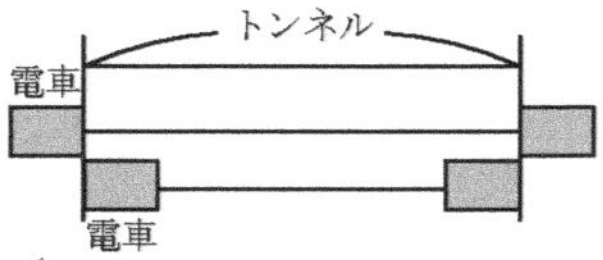

この電車は，200×2＝400(m)を24秒で走っている。

400m＝$(400\times\frac{1}{1000})$km＝$\frac{2}{5}$km，24秒＝$(24\times\frac{1}{3600})$時間＝$\frac{1}{150}$時間より，時速$(\frac{2}{5}\div\frac{1}{150})$km＝時速60km

3 (1) **【解き方】切り抜いた立体は，縦が4cm，横が6－2－2＝2(cm)，高さが2cmの直方体である。**

4×6×4－4×2×2＝80(cm³)

(2) **【解き方】折り返した部分は，合同な三角形になる。**

正三角形の1つの角は，180°÷3＝60°だから，角B＝角C＝60°である。

三角形ＰＣＱにおいて，角ＱＰＣ＝180°－60°－50°＝70°だから，角ＤＰＣ＝70°×2＝140°

三角形ＤＢＰにおいて，外角の性質から，角ア＝角ＤＰＣ－角Ｂ＝140°－60°＝80°

(3) **【解き方】おうぎ形の中心角の大きさを求めることができないので，右図のアの部分をエの部分に移して考える。**

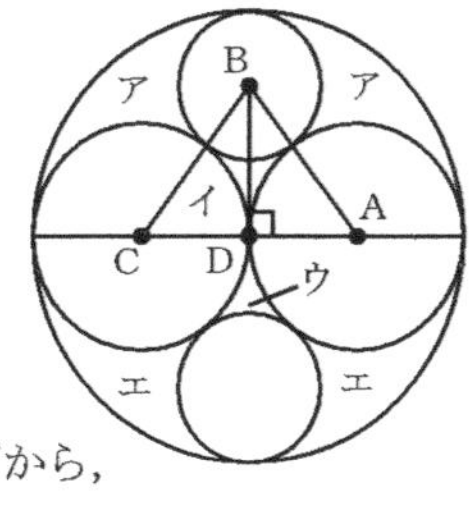

ウとエの面積の和は，半径が12cmの半円の面積から，半径が6cmの半円2個と半径が4cmの円1個の面積を引いて，

12×12×3.14÷2－6×6×3.14÷2×2－4×4×3.14＝62.8(cm²)

右図で，ＡＤ＝6cm，ＡＢ＝6＋4＝10(cm)で，ＡＤ：ＡＢ＝6：10＝3：5だから，

直角三角形ＡＢＤは，3：4：5の直角三角形になるので，ＢＤ＝$6\times\frac{4}{3}$＝8(cm)

イの部分(三角形ＡＢＣ)の面積は，(6＋6)×8÷2＝48(cm²)だから，斜線部分の面積は，48＋62.8＝110.8(cm²)

4 (1) 1dL＝0.1Lだから，6dL＝(6×0.1)L＝あ0.6L

1L＝1000cm³だから，0.6L＝(0.6×1000)cm³＝い600cm³

6分間に入った水の量は，600×6＝3600(cm³)だから，水が入った部分の底面積は3600÷9＝400(cm²)になるので，水そうの底面積は，400＋100＝う500(cm²)

6分のところ以外にグラフの傾きに変化がないので，4Lの水を入れたときに石が完全に水中に入ったと考えられる。4L＝(4×1000)cm³＝4000cm³の水を入れたときの水そうにたまった水の量は，3600＋4000＝7600(cm³)

深さが18cmまでの水そうの体積は，500×18＝9000(cm³)だから，石の体積は，9000－7600＝1400(cm³)

よって，石の高さは，1400÷100＝え14(cm)

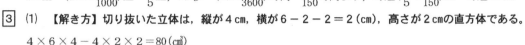

⑵　【解き方】底面積が500 cm^2の部分に25－18＝7(cm)の水をためることを考える。

底面積が500 cm^2で深さが7 cmの直方体の体積は500×7＝3500(cm^3)だから，3500 cm^3の水をためるのに，
$3500\div600=\frac{35}{6}=5\frac{5}{6}$(分)かかる。$\frac{5}{6}$分＝($\frac{5}{6}\times60$)秒＝50秒だから，求める時間は，5分50秒後

⑶　【解き方】⑴をふまえる。

1400 cm^3は，底面積が500 cm^2の水そうの高さの1400÷500＝2.8(cm)分だから，水面の高さは25－2.8＝22.2(cm)
入っている水の量は，500×22.2＝11100(cm^3)，つまり11100÷1000＝11.1(L)

2021 解答例 令和３年度 ★久留米信愛中学校

《国　語》

一　①四季　②坂道　③研究　④転居　⑤県境　⑥貸　⑦招　⑧ざっしゅ　⑨やおや　⑩さいえん

二　①なみだ　②さる　③歯　④きつね　⑤顔

三　問一．A．ウ　B．イ　C．ア　問二．エ　問三．①個人と国家の関わりについて考える〔別解〕問題が大きすぎて直接考えられない　②一人が病気でお金を出せない状態　問四．Ⅰ．ウ　Ⅱ．イ　問五．国家の統治　問六．1　問七．エ

四　問一．昼食を終え　問二．(1)進学　(2)鍛冶職人がいかに素晴らしい職業かを教えてくれる話。　問三．ウ　問四．４　問五．ア．ひとつひとつはちいさいが集まれば大きな力　イ．おろそかにせず　問六．エ　問七．ア

《算　数》

1　(1)101　(2)10　(3)$\frac{13}{42}$　(4)７　(5)$\frac{1}{5}$　(6)2021　(7)$\frac{5}{7}$　(8)(あ)$\frac{3}{5}$　(い)10　(9)13　(10)６

2　(1)12　(2)５　(3)63　(4)2500

3　(1)12.56　(2)19

4　(1)25　(2)４の倍数　(3)イ．13　ウ．16　エ．７

5　(1)15，18　(2)21　(3)29，33

《理　科》

1　問１．A…肺　A以外…えら　問２．イ→ア→ウ　問３．(1)記号…E　呼び名…ヤゴ　(2)エ　問４．アメリカザリガニ　問５．イ　問６．ア　問７．ア

2　問１．ウ　問２．自転　問３．エ　問４．イ　問５．地球儀をかたむけて光を当てる。

3　問１．C，D，F，G　問２．C，G　問３．F　色…白色　問４．B　問５．D，F　問６．食塩〔別解〕塩化ナトリウム

4　問１．右図　問２．長く　問３．光電池　問４．電池の＋極と－極／反対に接続

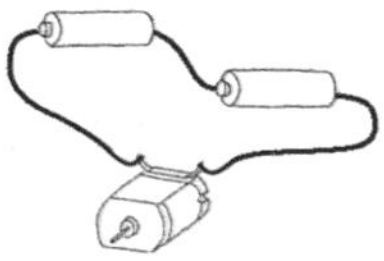

《社　会》

1　問１．a．ウ　b．イ　問２．領空　問３．ウ　問４．(1)領海を除いた沿岸から200海里以内で，資源を活用する権利を沿岸国がもつ範囲。　(2)ニュージーランド　問５．フォッサマグナ　問６．ウ　問７．B

2　問１．ウ　問２．エ

3　問１．菅原道真　問２．ウ　問３．平清盛　問４．イ　問５．雪舟　問６．ア　問７．ウ　問８．(1)人物名…陸奥宗光　内容…外国の領事裁判権を認めていた点。　(2)ア　(3)三国干渉

4　問１．ウ　問２．イ　問３．ウ　問４．ア　問５．安全保障理事会　問６．ウ　問７．エ　問８．18　問９．エ

←解答例は前のページにありますので，そちらをご覧ください。

1 (1) 与式$=53+48=101$

(2) 与式$=\frac{12\times 6}{4}-8=18-8=10$

(3) 与式$=\frac{6}{42}+\frac{28}{42}-\frac{21}{42}=\frac{13}{42}$

(4) 与式$=56\div(44-36)=56\div 8=7$

(5) 与式$=\frac{12}{100}\times(\frac{7}{15}+\frac{6}{5})=\frac{3}{25}\times(\frac{7}{15}+\frac{18}{15})=\frac{3}{25}\times\frac{25}{15}=\frac{1}{5}$

(6) 与式$=(5002+5103)\div 5=10105\div 5=2021$

(7) 2は14の$2\div 14=\frac{1}{7}$(倍)だから，$\square=5\times\frac{1}{7}=\frac{5}{7}$

(8) 時速36km＝分速$\frac{36}{60}$km＝分速$\frac{3}{5}$km＝秒速$(\frac{3}{5}\times\frac{1000}{60})$m＝秒速10m

(9) (○＋□)＋(□＋△)＋(○＋△)＝20＋38＋44＝102だから，○＋□＋△の2倍は102である。

よって，○＋□＋△＝102÷2＝51であり，□＋△＝38だから，○＝51－38＝13

(10) **【解き方】食塩水の問題は，うでの長さを濃度《のうど》，おもりを食塩水の重さとしたてんびん図で考えて，うでの長さの比とおもりの重さの比がたがいに逆比になることを利用する。**

3％と15％の食塩水の量の比は，300：100＝3：1だから，a：b＝1：3

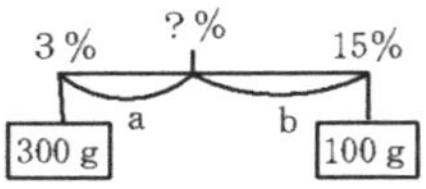

よって，a：(a＋b)＝1：(1＋3)＝1：4だから，求める濃度は，

$3+(15-3)\times\frac{1}{4}=6$(％)

2 (1) **【解き方】1年後，ア<u>おじいさんの年れい</u>は1歳，イ<u>しんじさんと弟の年れいの和</u>は2歳大きくなるので，①年後，アは①歳，イは②歳大きくなる。**

現在，アは72歳，イは10＋8＝18(歳)だから，①年後，アは(72＋①)歳，イは(18＋②)歳と表せる。

アがイの2倍になるとき，72＋①が(18＋②)×2＝36＋④に等しくなるから，④－①＝③は72－36＝36にあたる。

よって，①は36÷3＝12にあたるので，求める年数は，12年後である。

(2) **【解き方】全体の仕事量を，15と9の最小公倍数である㊺とすると，1日あたりの仕事量は，妹が㊺÷15＝③，兄が㊺÷9＝⑤と表せる。**

兄が1人で1日作業すると，残りの仕事量は，㊺－⑤＝㊵となる。その後，2人で仕事をすると，1日の仕事量は③＋⑤＝⑧となるから，2人で仕事をした日数は，㊵÷⑧＝5(日)

(3) **【解き方】アの箱のビー玉を，5と7の最小公倍数である㉟個とすると，イの箱のビー玉は㉟×$\frac{4}{5}$＋7＝㉘＋7(個)，ウの箱のビー玉は(㉘＋7)×$\frac{3}{7}$＝⑫＋3(個)と表せる。**

3つの箱のビー玉の合計は，㉟＋㉘＋7＋⑫＋3＝㊄＋10(個)

これが385個だから，㊄は385－10＝375(個)にあたる。よって，①は375÷75＝5(個)にあたるから，ウの箱のビー玉は，5×12＋3＝63(個)である。

(4) 仕入れ値の2割増しの金額は，2700÷(1－0.1)＝3000(円)なので，仕入れ値は，3000÷(1＋0.2)＝2500(円)

3 (1) **【解き方】図ⅰのように作図すると，太線で囲まれた図形は合同なので，図ⅱのようにかげの部分を移動させることができる。**

図ⅰ

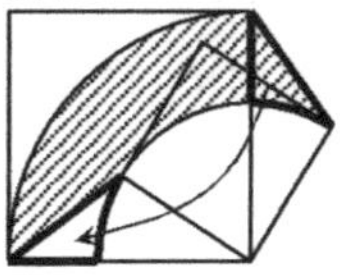

図ⅱ

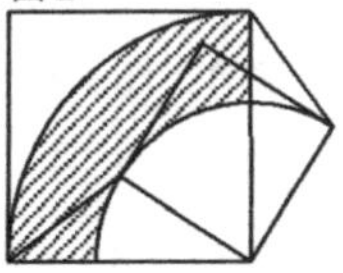

求める面積は，半径が5cm，中心角が90°のおうぎ形の面積から，

半径が3cm，中心角が90°のおうぎ形の面積をひけばよいので，

$5\times5\times3.14\times\frac{90°}{360°}-3\times3\times3.14\times\frac{90°}{360°}=(5\times5-3\times3)\times3.14\times\frac{1}{4}=4\times3.14=12.56$(cm²)

(2)　右のように記号をおく。三角形ＡＣＤと三角形ＢＣＥについて，

ＡＣ＝ＢＣ，ＣＤ＝ＣＥ，角ＡＣＤ＝角ＢＣＥ＝90°＋60°＝150°だから，

三角形ＡＣＤと三角形ＢＣＥは合同である。よって，角ＣＢＥ＝角ＣＡＤ＝11°

三角形ＢＣＥの内角の和より，角ア＝180°－150°－11°＝19°

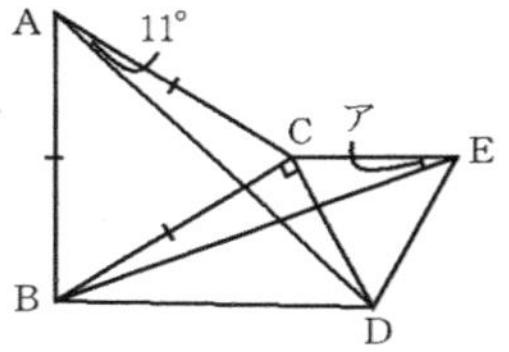

4　(1)　７段目までは右図のようになるので，アにあてはまる数は 25 である。

1
2　3
4　5　6
7　8　9　10
11　12　13　14　15
16　17　18　19　20　21
22　23　24　25　26　27　28

(2)　真ん中の数は，５－１＝４，13－５＝８，25－13＝12，…と増えているから，４の倍数ずつ増えていることがわかる。

(3)　(2)より，真ん中の数は，９段目が 25＋16＝41，11 段目が 41＋20＝61，13 段目が 61＋24＝85 となるので，85 はイ13 段目の真ん中の数である。

また，真ん中の数は，15 段目が 85＋28＝113，17 段目が 113＋32＝145 となるから，127 は 15 段目の真ん中の数から，17 段目の真ん中の数までの中にあるとわかる。ｎ段目にはｎ個の数字が並ぶから，15 段目には 15 個の数字が並んでいる。15 段目の真ん中の数は，15÷２＝７余り１より，左から８番目の数だから，15 段目の一番右の数は，113＋(15－８)＝120 となる。よって，127 はウ16 段目の左から 127－120＝エ7 (番目)の数である。

5　(1)　水面の高さが 17 cmになるとき，水は，縦 20 cm，横 90 cm，高さ 17 cmの直方体の部分に入るので，水が入った量は，20×90×17＝30600(cm³)である。水は１分間で２Ｌ＝２×(10×10×10)＝2000(cm³)入るから，求める時間は，30600÷2000＝15.3(分後)，つまり，15 分(60×0.3)秒後＝15 分 18 秒後

(2)　**【解き方】右図のように作図する。Ａ→Ｂ→Ｃの順で水が入る。**

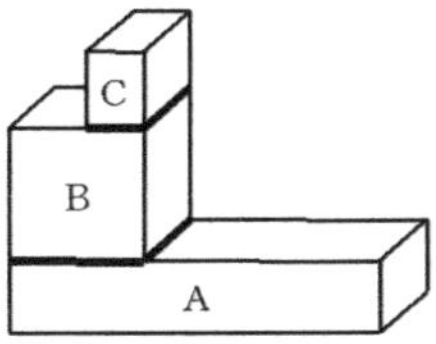

水を入れ始めてから 16 分 42 秒後＝$16\frac{42}{60}$分後＝$\frac{167}{10}$分後は，水は $2000\times\frac{167}{10}$＝33400(cm³)入る。

Ｂの部分は縦 20 cm，横 90－55＝35(cm)，高さ 50－17＝33(cm)の直方体だから，容積は，20×35×33＝23100(cm³)となる。Ａの部分に 30600 cm³の水が入るので，Ｂの部分に 33400－30600＝2800(cm³)の水が入る。Ｂの部分の底面積は 20×35＝700(cm²)だから，Ｂの部分の水面の高さは，2800÷700＝４(cm)である。よって，求める水面の高さは，17＋４＝21(cm)

(3)　(2)をふまえる。Ｃの部分は縦 20 cm，横 35－20＝15(cm)，高さ 68－50＝18(cm)の直方体だから，容積は，20×15×18＝5400(cm³)である。よって，水そうの容積は，30600＋23100＋5400＝59100(cm³)だから，求める時間は，59100÷2000＝29.55(分後)，つまり，29 分(60×0.55)秒後＝29 分 33 秒後

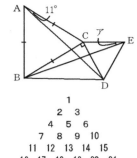

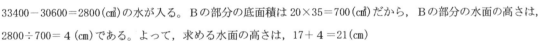

■ ご使用にあたってのお願い・ご注意

（1）問題文等の非掲載

著作権上の都合により，問題文や図表などの一部を掲載できない場合があります。

誠に申し訳ございませんが，ご了承くださいますようお願いいたします。

（2）過去問における時事性

過去問題集は，学習指導要領の改訂や社会状況の変化，新たな発見などにより，現在とは異なる表記や解説になっている場合があります。過去問の特性上，出題当時のままで出版していますので，あらかじめご了承ください。

（3）配点

学校等から配点が公表されている場合は，記載しています。公表されていない場合は，記載していません。

独自の予想配点は，出題者の意図と異なる場合があり，お客様が学習するうえで誤った判断をしてしまう恐れがあるため記載していません。

（4）無断複製等の禁止

購入された個人のお客様が，ご家庭でご自身またはご家族の学習のためにコピーをすることは可能ですが，それ以外の目的でコピー，スキャン，転載（ブログ，ＳＮＳなどでの公開を含みます）などをすることは法律により禁止されています。学校や学習塾などで，児童生徒のためにコピーをして使用することも法律により禁止されています。

ご不明な点や，違法な疑いのある行為を確認された場合は，弊社までご連絡ください。

（5）けがに注意

この問題集は針を外して使用します。針を外すときは，けがをしないように注意してください。また，表紙カバーや問題用紙の端で手指を傷つけないように十分注意してください。

（6）正誤

制作には万全を期しておりますが，万が一誤りなどがございましたら，弊社までご連絡ください。

なお，誤りが判明した場合は，弊社ウェブサイトの「ご購入者様のページ」に掲載しておりますので，そちらもご確認ください。

■ お問い合わせ

解答例，解説，印刷，製本など，問題集発行におけるすべての責任は弊社にあります。

ご不明な点がございましたら，弊社ウェブサイトの「お問い合わせ」フォームよりご連絡ください。迅速に対応いたしますが，営業日の都合で回答に数日を要する場合があります。

ご入力いただいたメールアドレス宛に自動返信メールをお送りしています。自動返信メールが届かない場合は，「よくある質問」の「メールの問い合わせに対し返信がありません。」の項目をご確認ください。

また弊社営業日（平日）は，午前９時から午後５時まで，電話でのお問い合わせも受け付けています。

2025 春

株式会社教英出版
〒422-8054　静岡県静岡市駿河区南安倍３丁目 12-28
TEL　054-288-2131　　FAX　054-288-2133
URL　https://kyoei-syuppan.net/
MAIL siteform@kyoei-syuppan.net

教英出版 2025　10の1　久留米信愛中

教英出版　2025年春受験用　中学入試問題集

学校別問題集

✿はカラー問題対応

北海道

①[市立]札幌開成中等教育学校
②藤女子中学校
③北嶺中学校
④北星学園女子中学校
⑤札幌大谷中学校
⑥札幌光星中学校
⑦立命館慶祥中学校
⑧函館ラ・サール中学校

青森県

①[県立]三本木高等学校附属中学校

岩手県

①[県立]一関第一高等学校附属中学校

宮城県

①[県立]宮城県古川黎明中学校
②[県立]宮城県仙台二華中学校
③[市立]仙台青陵中等教育学校
④東北学院中学校
⑤仙台白百合学園中学校
⑥聖ウルスラ学院英智中学校
⑦宮城学院中学校
⑧秀光中学校
⑨古川学園中学校

秋田県

①[県立]
- 大館国際情報学院中学校
- 秋田南高等学校中等部
- 横手清陵学院中学校

山形県

①[県立]
- 東桜学館中学校
- 致道館中学校

福島県

①[県立]
- 会津学鳳中学校
- ふたば未来学園中学校

茨城県

①[県立]
- 日立第一高等学校附属中学校
- 太田第一高等学校附属中学校
- 水戸第一高等学校附属中学校
- 鉾田第一高等学校附属中学校
- 鹿島高等学校附属中学校
- 土浦第一高等学校附属中学校
- 竜ヶ崎第一高等学校附属中学校
- 下館第一高等学校附属中学校
- 下妻第一高等学校附属中学校
- 水海道第一高等学校附属中学校
- 勝田中等教育学校
- 並木中等教育学校
- 古河中等教育学校

栃木県

①[県立]
- 宇都宮東高等学校附属中学校
- 佐野高等学校附属中学校
- 矢板東高等学校附属中学校

群馬県

①
- [県立]中央中等教育学校
- [市立]四ツ葉学園中等教育学校
- [市立]太田中学校

埼玉県

①[県立]伊奈学園中学校
②[市立]浦和中学校
③[市立]大宮国際中等教育学校
④[市立]川口市立高等学校附属中学校

千葉県

①[県立]
- 千葉中学校
- 東葛飾中学校

②[市立]稲毛国際中等教育学校

東京都

①[国立]筑波大学附属駒場中学校
②[都立]白鷗高等学校附属中学校
③[都立]桜修館中等教育学校
④[都立]小石川中等教育学校
⑤[都立]両国高等学校附属中学校
⑥[都立]立川国際中等教育学校
⑦[都立]武蔵高等学校附属中学校
⑧[都立]大泉高等学校附属中学校
⑨[都立]富士高等学校附属中学校
⑩[都立]三鷹中等教育学校
⑪[都立]南多摩中等教育学校
⑫[区立]九段中等教育学校
⑬開成中学校
⑭麻布中学校
⑮桜蔭中学校
⑯女子学院中学校
✿⑰豊島岡女子学園中学校
⑱東京都市大学等々力中学校
⑲世田谷学園中学校
✿⑳広尾学園中学校(第2回)
✿㉑広尾学園中学校(医進・サイエンス回)
㉒渋谷教育学園渋谷中学校(第1回)
㉓渋谷教育学園渋谷中学校(第2回)
㉔東京農業大学第一高等学校中等部(2月1日 午後)
㉕東京農業大学第一高等学校中等部(2月2日 午後)

神奈川県

①[県立]相模原中等教育学校
　　　平塚中等教育学校
②[市立]南高等学校附属中学校
③[市立]横浜サイエンスフロンティア高等学校附属中学校
④[市立]川崎高等学校附属中学校
✿⑤聖光学院中学校
✿⑥浅野中学校
⑦洗足学園中学校
⑧法政大学第二中学校
⑨逗子開成中学校（1次）
⑩逗子開成中学校（2·3次）
⑪神奈川大学附属中学校（第1回）
⑫神奈川大学附属中学校（第2·3回）
⑬栄光学園中学校
⑭フェリス女学院中学校

新潟県

①[県立]村上中等教育学校
　　　柏崎翔洋中等教育学校
　　　燕中等教育学校
　　　津南中等教育学校
　　　直江津中等教育学校
　　　佐渡中等教育学校
②[市立]高志中等教育学校
③新潟第一中学校
④新潟明訓中学校

石川県

①[県立]金沢錦丘中学校
②星稜中学校

福井県

①[県立]高志中学校

山梨県

①山梨英和中学校
②山梨学院中学校
③駿台甲府中学校

長野県

①[県立]屋代高等学校附属中学校
　　　諏訪清陵高等学校附属中学校
②[市立]長野中学校

岐阜県

①岐阜東中学校
②鶯谷中学校
③岐阜聖徳学園大学附属中学校

静岡県

①[国立]静岡大学教育学部附属中学校（静岡·島田·浜松）
②[県立]清水南高等学校中等部
　[県立]浜松西高等学校中等部
　[市立]沼津高等学校中等部
③不二聖心女子学院中学校
④日本大学三島中学校
⑤加藤学園暁秀中学校
⑥星陵中学校
⑦東海大学付属静岡翔洋高等学校中等部
⑧静岡サレジオ中学校
⑨静岡英和女学院中学校
⑩静岡雙葉中学校
⑪静岡聖光学院中学校
⑫静岡学園中学校
⑬静岡大成中学校
⑭城南静岡中学校
⑮静岡北中学校
⑯常葉大学附属常葉中学校
　常葉大学附属橘中学校
　常葉大学附属菊川中学校
⑰藤枝明誠中学校
⑱浜松開誠館中学校
⑲静岡県西遠女子学園中学校
⑳浜松日体中学校
㉑浜松学芸中学校

愛知県

①[国立]愛知教育大学附属名古屋中学校
②愛知淑徳中学校
③名古屋経済大学市邨中学校
　名古屋経済大学高蔵中学校
④金城学院中学校
⑤椙山女学園中学校
⑥東海中学校
⑦南山中学校男子部
⑧南山中学校女子部
⑨聖霊中学校
⑩滝中学校
⑪名古屋中学校
⑫大成中学校
⑬愛知中学校
⑭星城中学校
⑮名古屋葵大学中学校（名古屋女子大学中学校）
⑯愛知工業大学名電中学校
⑰海陽中等教育学校（特別給費生）
⑱海陽中等教育学校（Ⅰ·Ⅱ）
⑲中部大学春日丘中学校
新刊⑳名古屋国際中学校

三重県

①[国立]三重大学教育学部附属中学校
②暁中学校
③海星中学校
④四日市メリノール学院中学校
⑤高田中学校
⑥セントヨゼフ女子学園中学校
⑦三重中学校
⑧皇學館中学校
⑨鈴鹿中等教育学校
⑩津田学園中学校

滋賀県

①[国立]滋賀大学教育学部附属中学校
②[県立]河瀬中学校
　　　守山中学校
　　　水口東中学校

京都府

①[国立]京都教育大学附属桃山中学校
②[府立]洛北高等学校附属中学校
③[府立]園部高等学校附属中学校
④[府立]福知山高等学校附属中学校
⑤[府立]南陽高等学校附属中学校
⑥[市立]西京高等学校附属中学校
⑦同志社中学校
⑧洛星中学校
⑨洛南高等学校附属中学校
⑩立命館中学校
⑪同志社国際中学校
⑫同志社女子中学校（前期日程）
⑬同志社女子中学校（後期日程）

大阪府

①[国立]大阪教育大学附属天王寺中学校
②[国立]大阪教育大学附属平野中学校
③[国立]大阪教育大学附属池田中学校

④[府立]富田林中学校
⑤[府立]咲くやこの花中学校
⑥[府立]水都国際中学校
⑦清風中学校
⑧高槻中学校(A日程)
⑨高槻中学校(B日程)
⑩明星中学校
⑪大阪女学院中学校
⑫大谷中学校
⑬四天王寺中学校
⑭帝塚山学院中学校
⑮大阪国際中学校
⑯大阪桐蔭中学校
⑰開明中学校
⑱関西大学第一中学校
⑲近畿大学附属中学校
⑳金蘭千里中学校
㉑金光八尾中学校
㉒清風南海中学校
㉓帝塚山学院泉ヶ丘中学校
㉔同志社香里中学校
㉕初芝立命館中学校
㉖関西大学中等部
㉗大阪星光学院中学校

兵庫県

①[国立]神戸大学附属中等教育学校
②[県立]兵庫県立大学附属中学校
③雲雀丘学園中学校
④関西学院中学部
⑤神戸女学院中学部
⑥甲陽学院中学校
⑦甲南中学校
⑧甲南女子中学校
⑨灘中学校
⑩親和中学校
⑪神戸海星女子学院中学校
⑫滝川中学校
⑬啓明学院中学校
⑭三田学園中学校
⑮淳心学院中学校
⑯仁川学院中学校
⑰六甲学院中学校
⑱須磨学園中学校(第1回入試)
⑲須磨学園中学校(第2回入試)
⑳須磨学園中学校(第3回入試)
㉑白陵中学校
㉒夙川中学校

奈良県

①[国立]奈良女子大学附属中等教育学校
②[国立]奈良教育大学附属中学校
③[県立]国際中学校
　　　　青翔中学校
④[市立]一条高等学校附属中学校
⑤帝塚山中学校
⑥東大寺学園中学校
⑦奈良学園中学校
⑧西大和学園中学校

和歌山県

①[県立]古佐田丘中学校
　　　　向陽中学校
　　　　桐蔭中学校
　　　　日高高等学校附属中学校
　　　　田辺中学校
②智辯学園和歌山中学校
③近畿大学附属和歌山中学校
④開智中学校

岡山県

①[県立]岡山操山中学校
②[県立]倉敷天城中学校
③[県立]岡山大安寺中等教育学校
④[県立]津山中学校
⑤岡山中学校
⑥清心中学校
⑦岡山白陵中学校
⑧金光学園中学校
⑨就実中学校
⑩岡山理科大学附属中学校
⑪山陽学園中学校

広島県

①[国立]広島大学附属中学校
②[国立]広島大学附属福山中学校
③[県立]広島中学校
④[県立]三次中学校
⑤[県立]広島叡智学園中学校
⑥[市立]広島中等教育学校
⑦[市立]福山中学校
⑧広島学院中学校
⑨広島女学院中学校
⑩修道中学校
⑪崇徳中学校
⑫比治山女子中学校
⑬福山暁の星女子中学校
⑭安田女子中学校
⑮広島なぎさ中学校
⑯広島城北中学校
⑰近畿大学附属広島中学校福山校
⑱盈進中学校
⑲如水館中学校
⑳ノートルダム清心中学校
㉑銀河学院中学校
㉒近畿大学附属広島中学校東広島校
㉓AICJ中学校
㉔広島国際学院中学校
㉕広島修道大学ひろしま協創中学校

山口県

①[県立]下関中等教育学校
　　　　高森みどり中学校
②野田学園中学校

徳島県

①[県立]富岡東中学校
　　　　川島中学校
　　　　城ノ内中等教育学校
②徳島文理中学校

香川県

①大手前丸亀中学校
②香川誠陵中学校

愛媛県

①[県立]今治東中等教育学校
　　　　松山西中等教育学校
②愛光中学校
③済美平成中等教育学校
④新田青雲中等教育学校

高知県

①[県立]安芸中学校
　　　　高知国際中学校
　　　　中村中学校

福岡県

①［国立］福岡教育大学附属中学校（福岡・小倉・久留米）
②［県立］
- 育徳館中学校
- 門司学園中学校
- 宗像中学校
- 嘉穂高等学校附属中学校
- 輝翔館中等教育学校

③西南学院中学校
④上智福岡中学校
⑤福岡女学院中学校
⑥福岡雙葉中学校
⑦照曜館中学校
⑧筑紫女学園中学校
⑨敬愛中学校
⑩久留米大学附設中学校
⑪飯塚日新館中学校
⑫明治学園中学校
⑬小倉日新館中学校
⑭久留米信愛中学校
⑮中村学園女子中学校
⑯福岡大学附属大濠中学校
⑰筑陽学園中学校
⑱九州国際大学付属中学校
⑲博多女子中学校
⑳東福岡自彊館中学校
㉑八女学院中学校

佐賀県

①［県立］
- 香楠中学校
- 致遠館中学校
- 唐津東中学校
- 武雄青陵中学校

②弘学館中学校
③東明館中学校
④佐賀清和中学校
⑤成穎中学校
⑥早稲田佐賀中学校

長崎県

①［県立］
- 長崎東中学校
- 佐世保北中学校
- 諫早高等学校附属中学校

②青雲中学校
③長崎南山中学校
④長崎日本大学中学校
⑤海星中学校

熊本県

①［県立］
- 玉名高等学校附属中学校
- 宇土中学校
- 八代中学校

②真和中学校
③九州学院中学校
④ルーテル学院中学校
⑤熊本信愛女学院中学校
⑥熊本マリスト学園中学校
⑦熊本学園大学付属中学校

大分県

①［県立］大分豊府中学校
②岩田中学校

宮崎県

①［県立］五ヶ瀬中等教育学校
②［県立］
- 宮崎西高等学校附属中学校
- 都城泉ヶ丘高等学校附属中学校

③宮崎日本大学中学校
④日向学院中学校
⑤宮崎第一中学校

鹿児島県

①［県立］楠隼中学校
②［市立］鹿児島玉龍中学校
③鹿児島修学館中学校
④ラ・サール中学校
⑤志學館中等部

沖縄県

①［県立］
- 与勝緑が丘中学校
- 開邦中学校
- 球陽中学校
- 名護高等学校附属桜中学校

もっと過去問シリーズ

北海道

北嶺中学校
7年分（算数・理科・社会）

静岡県

静岡大学教育学部附属中学校（静岡・島田・浜松）
10年分（算数）

愛知県

愛知淑徳中学校
7年分（算数・理科・社会）
東海中学校
7年分（算数・理科・社会）
南山中学校男子部
7年分（算数・理科・社会）
南山中学校女子部
7年分（算数・理科・社会）
滝中学校
7年分（算数・理科・社会）
名古屋中学校
7年分（算数・理科・社会）

岡山県

岡山白陵中学校
7年分（算数・理科）

広島県

広島大学附属中学校
7年分（算数・理科・社会）
広島大学附属福山中学校
7年分（算数・理科・社会）
広島学院中学校
7年分（算数・理科・社会）
広島女学院中学校
7年分（算数・理科・社会）
修道中学校
7年分（算数・理科・社会）
ノートルダム清心中学校
7年分（算数・理科・社会）

愛媛県

愛光中学校
7年分（算数・理科・社会）

福岡県

福岡教育大学附属中学校（福岡・小倉・久留米）
7年分（算数・理科・社会）
西南学院中学校
7年分（算数・理科・社会）
久留米大学附設中学校
7年分（算数・理科・社会）
福岡大学附属大濠中学校
7年分（算数・理科・社会）

佐賀県

早稲田佐賀中学校
7年分（算数・理科・社会）

長崎県

青雲中学校
7年分（算数・理科・社会）

鹿児島県

ラ・サール中学校
7年分（算数・理科・社会）

※もっと過去問シリーズは国語の収録はありません。

教英出版
〒422-8054
静岡県静岡市駿河区南安倍3丁目12−28
TEL 054-288-2131
FAX 054-288-2133
詳しくは教英出版で検索
教英出版 検索
URL https://kyoei-syuppan.net/

中

令和６年度中学校入学試験解答用紙

【Ａ日程】

国　　　　語

・　この用紙の内側に解答欄《かいとうらん》があります。
・　監督者《かんとくしゃ》の指示があったら，この用紙を冊子から取りはずし，受験番号，氏名を記入してください。なお，受験番号を記入する欄は内側にもあります。
・　受験番号，氏名の記入が終わったら，この用紙を二つ折りにして，静かに開始の合図を待ってください。

受験番号		氏名	

久留米信愛中学校

R6 中学校A日程 国語 解答用紙

一

①
②
③
④
⑤
⑥
⑦
⑧
⑨
⑩

二

① 展
② 能
③ 対
④ 段
⑤ 準

三

問一

問二
1
2

問三

問四
(1) はじめ
終わり
(2) ア はじめ
終わり
イ はじめ
終わり

問五

ア

※

※100点満点

※

得点

受験番号

中

令和６年度中学校入学試験問題

【Ａ日程】

国　　　語

（40分）

注意

1　監督者《かんとくしゃ》の開始の合図があるまで，この問題冊子を開かないでください。

2　問題は，２ページから７ページまであります。

3　解答は，すべて解答用紙の所定の欄《らん》に記入してください。

4　解答用紙の※印の欄には，何も記入しないでください。

5　監督者の終了《しゅうりょう》の合図で筆記用具を置き，解答面を下に向け，広げて机の上に置いてください。

6　解答用紙だけを提出《ていしゅつ》し，問題冊子は持ち帰ってください。

久留米信愛中学校

一　次の①～⑩の――線のカタカナは漢字に改め、漢字は読みをひらがなで書きなさい。（二十点）

①　元日に友達からネンガ状が届く。
②　漢字の意味をジショで調べる。
③　子どものセイチョウを見守る。
④　庭に木をウえる。
⑤　飛行機がチャクリクする。
⑥　各地に残るフウシュウを調べる。
⑦　建物をバイバイする。
⑧　一糸みだれず行動する。
⑨　試合は雨天のため中止になる。
⑩　丸太小屋で雨宿りする。

二　次の①～⑤が、似た意味の語の組み合わせとなるように、□にあてはまる一字の漢字を答えなさい。（十点）

①　進展　＝　□展
②　素質　＝　□能
③　対比　＝　対□
④　方法　＝　□段
⑤　用意　＝　準□

三　次の文章を読んで、あとの問いに答えなさい。（四十点）

「ステレオタイプ」という言葉を知っているかな。先入観、固定観念とも訳す。特定の集団への型にはまった※画一《かくいつ》的なイメージ、思い込みやレッテルのことだ。身近で言えば、教師、先生は「お堅《かた》い」というイメージはステレオタイプの典型だろう。女性は地図が読めない、血液型のB型は自分勝手といった俗説《ぞくせつ》も同じだ。

ステレオタイプ化された世界は、われわれが頭の中でこうだと思っている世界に過ぎない。なかでも外国のニュースは、もともと身近でないだけにステレオタイプに左右されがちだ。追加情報も少なく修正もままならないし、受け手が作り上げるイメージが事実とは異なる像を結ぶこともよくある。

ステレオタイプを表す例として、さまざまな国の人が乗った沈没《ちんぼつ》船をめぐる有名なジョークがある。豪華《ごうか》客船が沈没しそうになった時、乗客を海に飛び込ませるにはどう声をかければいいか？

ドイツ人には「規則ですから飛び込んでください」（ドイツ人は規則を重視する）、アメリカ人には「いま飛び込めばあなたは英雄《えいゆう》になる」（アメリカ人はヒーローになりたがる）、ロシア人には「海にウオッカ（ロシアなどで広く飲まれる酒）が流れていますよ」（ロシア人のウオッカ好きは有名）、日本人には「みなさん飛び込んでいますよ」（日本人は集団主義）

これらは各国の（　１　）性のステレオタイプをジョークにしている。一面をついていて、クスッと笑えるのだが、［　　］現実を完全に描《えが》ききっているわけではない。

２０１１年８月、イギリスのロンドン北部で黒人男性が警官に射殺されたことをきっかけに、暴動が発生。暴動はロンドンだけでなくイギリス各地の都市に拡大した。主役は無職の若者たちだった。

①このニュースに対する多くの日本の人たちの反応は「あの紳士《しんし》の国で？」だ

った。ぼくらが抱《いだ》くイギリス人のイメージは、仕立てのよいスーツを着たジェントルマンばかりのマナーのよい人たちなのだった。そのイメージが、若者が店《てん》舗《ほ》を破壊《はかい》したり、放火をしたり、略奪《りゃくだつ》をする衝撃《しょうげき》的な映像を目《ま》のあたりにしてぶちこわされたのだ。

さてそれでは、この事件でイギリスに対するステレオタイプのイメージが完全に粉砕《ふんさい》されただろうか。詳《くわ》しい調査はなかったので正確にはわからないが、長い時間をかけて作られたステレオタイプは堅固《けんご》だ。人びとの頭の中では、まだまだイギリスは「紳士の国」のイメージも強いのではないだろうか。

「イスラムは怖《こわ》い」も、イスラム武装勢力が中東地域を中心にテロ活動などで勢力を拡大し、それがニュースになることが増えているだけにステレオタイプとしてみんなの頭にしみついてきている。

ハリウッド映画では一昔前は黒人が悪役だった。これがステレオタイプを作り出し、差別を助長すると批判されたことで、近年、映画に現れる黒人に悪い人は見られなくなった。

ジャーナリストの側から言うと、外国からニュースを送る場合、日本人がその国や外国の人、人種に対して持っている固定したイメージと闘《たたか》わなければならない時がよくある。イギリスの暴動は映像が理解を助けてくれたが、そういう②補助線がないと大変だ。説明が大変になり、くどくなるためにざっくりと話をまとめてしまうこともある。

〔　〕ステレオタイプのすべてが間違《まちが》いというわけではなく、一面の真実を表してもいる。知識として知っておいたほうがいい時もある。よく言われるのは、貧困《ひんこん》地区は危険という考えだ。すべてがそうではないが、海外旅行に出か

ける際に1身の安全を（　）には頭に入れておいた方がいい知識といえるだろう。しかし貧困地区の人がみんな危険などという先入観で見るのは間違いだ。

ここが重要な点なのだが、ステレオタイプは複雑なことを簡略化しているので、思考を停止させてしまう。本当にしっかり考える際には邪魔《じゃま》になるという点だ。

世の中はそんなに単純ではない。集団ではなく個人として人を見ればそれぞれ違うのに、ひとくくりにしてしまったら、本当のその人が見えなくなってしまう。差別や偏見《へんけん》にもつながる。

海外からのニュースを中心に説明したが、国内ニュースでも2多かれ（　）同じことがある。最初に述べた先生や女性への〝偏見〟のほか、例えば学歴信仰《しんこう》もその部類に入るだろう。そしてそれはぼくら誰《だれ》もが何かしら持っているのだ。

③どうすればいいのだろうか。ステレオタイプ思考をすると、そこからはずれるものが排除《はいじょ》され、目に入らなくなっていく。

難しいことだが、まずは自分の考えにこだわりすぎず、新しい経験や情報＝異物を取り込み、考え方を修正していく柔軟《じゅうなん》さが重要だ。

ぼくらは、よその国、自分のよく知らない社会、地域、グループに偏見や恐《おそ》れを持ちがちになる。無意識の恐怖《きょうふ》心がそうさせるのかもしれない。でも知りたいという興味や好奇心《こうきしん》があれば、異なった文化の人たちの考え方に共感し理解することもできるはずだ。相手側の態度に※短絡《たんらく》的に憤《いきどお》ることも減るだろう。

（三浦準司『人間はだまされる―フェイクニュースを見分けるには―』理論社　一部改変）

※　画一的 … すべてが一様であること。
※　短絡的に憤る … よく考えずにすぐに腹を立てる。

問一　文中の〔　〕に共通してあてはまることばを次の中から一つ選び、記号で答えなさい。

ア　もし　　イ　たとえ　　ウ　いわば　　エ　もちろん

問二　——線1・2が慣用的な表現になるように、（　　　）にあてはまる言葉を、次の中からそれぞれ選び、記号で答えなさい。

1　ア　進める　　イ　はかる　　ウ　止める　　エ　はずす

2　ア　少なかれ　　イ　大きかれ　　ウ　広かれ　　エ　おそかれ

問三　文中の（　1　）にあてはまるものとして最も適当なものを、次の中から選び、記号で答えなさい。

ア　統一　　イ　現実　　ウ　国民　　エ　創造

問四　——線①「このニュースに対する多くの日本の人たちの反応は『あの紳士の国で？』だった。」について、次の問いに答えなさい。

(1)　——線①は、どのようなことの具体例ですか。文中から二十七字でぬき出し、はじめと終わりの三字で答えなさい。（句読点なども字数にふくみます）

(2)　日本の人たちがイギリスに対して持つイメージについて筆者はどのように予想していますか。まとめた次の文の□にあてはまる言葉を、指定された字数で文中からぬき出し、はじめと終わりの三字で答えなさい。（句読点なども字数にふくみます）

無職の若者が［ア（二十一字）］という事実から受けるイメージよりも［イ（十一字）］が定着しているため、イメージが完全に変わりはしないだろう。

問五　——線②「補助線」とは、ここではどのようなもののたとえですか。文中の言葉を使って十五字以内で答えなさい。（句読点なども字数にふくみます）

問六　——線③「どうすればいいのだろうか。ステレオタイプ思考をすると、そこからはずれるものが排除され、目に入らなくなっていく。」とありますが、筆者はどのようなことがステレオタイプ思考をさけるためには重要だと述べていますか。次の□にあてはまる言葉を、ア・ウは文中から五字でぬき出して答え、イ・エは文中の言葉を使って指定された字数で答えなさい。（句読点なども字数にふくみます）

・重要であるのは、集団を［ア（五字）］にせず、［イ（十字以内）］ことである。

・重要であるのは、［ウ（五字）］にこだわらず、［エ（三十字以内）］を持つことである。

問七　本文の特徴《とくちょう》を説明したものとして最も適当なものを選び、記号で答えなさい。

ア　ジャーナリストとしてステレオタイプの害にふれ、知識よりも興味や好奇心を生かした異文化理解の方法について述べられている。

イ　ステレオタイプが思考を停止させる原因と結果について取り上げ、一人ひとりが差別や偏見と闘うことの重要性について述べられている。

ウ　ジャーナリストとしての経験を多数例に挙げ、外国のニュースよりも国内のニュースでのステレオタイプの悪影響《えいきょう》について述べられている。

エ　ステレオタイプは一面の真実を表しているとし、異文化社会やそこに暮らす人たちの考えを理解するための要点について述べられている。

四　次の文章を読んで、あとの問いに答えなさい。（三十点）

［中学一年生の雅也《まさや》は、友だちが一人もいない。雅也はみつばちを育てているおじさんのいる北海道へ行き、親と暮らせないさまざまな年齢《ねんれい》の子ども五人と志保子さんが住む「北の太陽」という家で過ごすことになった。おじさんが不在だったある日、たのまれていたクマよけの※電気柵《さく》のスイッチを入れ忘れていたことに気付く。スイッチを入れるために、志保子さんの娘《むすめ》である栄《さかえ》さんが運転し、雅也は同い年の海鳴《かいなる》と二人、夜の林へ足をふみ入れた。］

3	(1)	cm	(2)	cm^2
	(3)	cm^2		

※

4	(1)	ア		イ		ウ		エ	
	(2)	分　秒							

※

受験番号

※　※100点満点

得点	

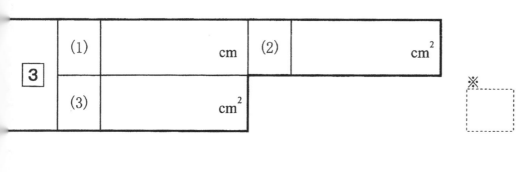

R6 中学校　A日程 算数 解答用紙

1	(1)			(2)	
	(3)			(4)	
	(5)			(6)	
	(7)				
	(8)	(あ)	分速　m	(い)	秒速　cm
	(9)	(あ)	L	(い)	m^3
	(10)		g	(11)	円
	(12)			(13)	cm^2
	(14)	(あ)	倍	(い)	倍
	(15)		cm^3		

※

2	(1)	歳	(2)	分後
	(3)	分　秒後	(4)	人

※

K 教英出版

中

令和６年度中学校入学試験解答用紙

【A 日程】

算　　数

- この用紙の内側に解答欄《かいとうらん》があります。
- 監督者《かんとくしゃ》の指示があったら，この用紙を冊子から取りはずし，受験番号，氏名を記入してください。なお，受験番号を記入する欄は内側にもあります。
- 受験番号，氏名の記入が終わったら，この用紙を二つ折りにして，静かに開始の合図を待ってください。

受験番号		氏名	

久留米信愛中学校

―パッ、パァーン!パッ、パッ、パッ――

車のクラクションが、1けたたましく鳴った。

車のライトが切りかわり、遠くを照らす。

「えっ?」

ぼくはそこにはっきりと、クマの姿を見た。

栄さんは車を寄せて、車のライトをさらにクマに当てた。クラクションの音が近く、はげしくなる。

クマが光をきらうのかどうかは知らないけど、逃《に》げる気はなさそうだ。

「海鳴、早くもどって!」

ぼくは急いで金網《かなあみ》の扉《とびら》を閉め、かんぬきをかけた。

「どうしよう。海鳴。」

「落ち着こうよ。」

「うん。」

海鳴は笑顔すら見せる。

たしかおじさんが言ってた。北海道でクマにあうのは、三重県のいなかでシカとあうようなものだと。

それでもぼくの心臓は、爆発《ばくはつ》しそうだ。

電源オンはどっち?

これで合ってるのか?

もしもオフになっていたら、クマはこちら側へ侵入《しんにゅう》してくる。

クマとあらそって、血まみれになった自分たちを想像して、ぞっとした。

ぼくたちは、草むらで、2息をひそめた。

体がふるえる。

こんなときは、どうしたらいいんだろう。

「そういえば、※マーヤも何度か、絶体絶命の危機におちいったよね。あのときマーヤは、なにを思ったか覚えてる?」

「あのときマーヤが思ったのは、すわって泣き、なげいていても、名誉《めいよ》にならないってこと。」

「そのとおり。ぼくたちもマーヤのように、あきらめずに、生きるためにはどうするか。それだけを考えよう。」

海鳴が、ぼくの肩《かた》に手を置いた。

「じゃあ、おとなしく、ヒグマの観察でもさせてもらおうか。」

ぼくも海鳴の肩をだいた。

①不思議と、ふるえがおさまった。

クラクションの音がうるさいのか、クマはときおり車のほうへ、上半身を持ち上げ※威嚇《いかく》する。

気がすむと、のそりのそり、電気柵の周りを歩く。

みつばちは異変を感じているのか、巣箱《すばこ》の周りをブンブンうなって飛ぶ。

クマは、ときおり鼻先で、太い針金を押し上げるそぶりを見せるけど、そのたびに、あとずさりしている。

もしかして、いまは電気が流れているのかもしれない。

よけいに A しないほうがいい。

気持ちが落ち着いて、ぼくは、

「ごめんね、みつばちさん。こんなことになって。きっと、だいじょうぶだから。」

と、みつばちたちに話しかけていた。

ふと顔を上げたときだ。

木の葉を、ゆらゆら赤くそめながら、車がこちらへ向かってくるのが見えた。

「たすかったぁ。」
思わずぼくは声を上げた。
「やったね。ぼくらのねばり勝ち。」
見えるはずもないのに、ぼくたちは光のほうへ手をふった。
パトカーが二台。
救急車も来た。
さすがにまずいと思ったのか、クマは［B］と、暗闇《くらやみ》にまぎれて消えていった。

北の太陽にもどるとちゅう、ぼくの心は、高揚《こうよう》したり、落ち込んだり、②大しけの海に投げ出された船のようにゆれた。
きっとおじさんも、警察《けいさつ》に呼ばれるだろう。
「またおじさんに、めいわくかけちゃった。」
泣きたいくらいの気分だ。
でも、だれの声だかわからないけど、しっかりしろ雅也って聞こえてくる。
となりに海鳴がいるせいかも。海鳴と目が合った。
「だいじょうぶだって、雅也。だって、これ以外の方法なんて、考えられなかったし。ねえ、栄さん。」
「そうですね。おばけの法則と同じで、ふたしかなものをおそれてドキドキするより、たしかめたほうが、賢明《けんめい》ですね。まあ、これはこれで、わたしもドキドキしましたが。」
「ぼくはきっと、みんなにじまんするね。」
海鳴が、ぼくを思いやってくれているのが、痛いほどわかった。
「ありがとう、海鳴。それから、栄さんも、ありがとうございました。クマが出たら逃げるって言ってたのに、追い払《はら》ってくれたし。」
「あたりまえです。北の太陽には、お葬式《そうしき》を出す予算はありませんからね。」
クマはこわいけど、車をとめて、この森にあふれる精気や、においや、音を、もうしばらく味わいたかった。体中にしみこませておきたかった。
「栄さん、車をとめてもらっていいですか。外の空気がすいたくて。」
運転席に声をかけると、すぐに車はとまった。
「少しだけですよ。」
③ぼくたちは、車から降りた。
海鳴も、夜の森が好きだ。
二人、空を見上げた。
夜空に星がまたたく。
「きれいだね、きょう雅也と見た空を、ぼく一生忘れない。」
「ぼくも。」
夏の思い出がまたひとつ増えた。
ぼくの心の中の引き出しは、宝物であふれそうだ。
※瑛介じゃないけど、森の空気はこわいものが消えて、弱くなりそうな心に特別な力をあたえてくれるような気がした。
「そろそろ行きましょうか。みんなが心配してます。」
車の中から栄さんが呼んだ。

（村上しいこ『みつばちと少年』一部改変）

※ 電気柵…害獣《がいじゅう》に対して、軽い電気ショックでおどかし、侵入を防ぐ柵。
※ マーヤ…ドイツの児童文学『みつばちマーヤの冒険』の主人公。
※ 威嚇…おどかすこと。
※ 瑛介…「北の太陽」に住む小学校一年生。

問一　文中の[A]・[B]にあてはまることばを次の中からそれぞれ選び、記号で答えなさい。

ア　うろうろ　　イ　すたすた　　ウ　ずるずる　　エ　じたばた　　オ　とろとろ

問二　━━線１「けたたましく」・２「息をひそめた」の意味として適当なものを次の中からそれぞれ選び、記号で答えなさい。

1　ア　驚《おどろ》くほど素晴らしく　　イ　暴力的で乱暴に　　ウ　びっくりするような音で　　エ　うっとおしく感じられるほど

2　ア　息をおさえてじっとしていた　　イ　立ち直った　　ウ　おそれて一瞬《いっしゅん》息を止めた　　エ　きゅうくつな思いをした

問三　━━線①「不思議と、ふるえがおさまった。」とありますが、ここからどのようなことがわかりますか。次の文の[　]にあてはまることばを、指定された字数で考えて答えなさい。（句読点なども字数にふくみます）

絶体絶命の危機でも[ア（二字）]な海鳴の態度によって、動揺《どうよう》していたぼくが[イ（五字）]こと。

問四　━━線②「大しけの海に投げ出された船のようにゆれた。」とありますが、ぼくの心がどのようになったことを表していますか。文中のことばを使って四十字以上、五十字以内で答えなさい。（句読点なども字数にふくみます）

問五　━━線③「ぼくたちは、車から降りた。」とありますが、なぜ車から降りたのですか。最も適当なものを次の中から選び、記号で答えなさい。

ア　興奮したり、落ち込んだり、揺《ゆ》れるような気持ちで車に乗ったので、気分が悪くなったから。

イ　クマはこわいけれど、クマに打ち勝ったことで気持ちが大きくなり、クマをもう一度見たくなったから。

ウ　海鳴もぼくも夜の森が好きだから、せっかく来た夜の森でこわいものを見て帰りたかったから。

エ　ぼくと海鳴が特別な経験をしたこの夜の森を、しばらくの間、体いっぱいに感じていたかったから。

問六　本文にある四か所の～～～線の表現の特徴として最も適当なものを次の中から選び、記号で答えなさい。

ア　「それでもぼくの心臓は、爆発しそうだ。」では、大げさな表現を使って、ぼくの気持ちが恐怖でいっぱいになっている様子を表現している。

イ　「気がすむと、のそりのそり、電気柵の周りを歩く。」では、擬人法《ぎじんほう》や様子を表す語を使って、クマが人間をからかっている様子を表現している。

ウ　「巣箱の周りをブンブンうなって飛ぶ。」では、音を表す言葉を使って、クマ同様にミツバチの恐ろしさを表現し、読者にあたかもその場にいるような感じを与えている。

エ　「ごめんね、みつばちさん。こんなことになって。きっと、だいじょうぶだから。」では、句読点を多く使って句切ることによって、クマと出会った緊張《きんちょう》感を表現している。

問七

エ

※

四

問一

A

B

問二

1

2

問三

ア

イ

問四

問五

問六

※

中

令和６年度中学校入学試験問題
【Ａ日程】

理　　　　　科

（30分）

注意

1　監督者《かんとくしゃ》の開始の合図があるまで，この問題冊子を開かないでください。

2　問題は，２ページから６ページまであります。

3　解答は，すべて解答用紙の所定の欄《らん》に記入してください。

4　解答用紙の※印の欄には，何も記入しないでください。

5　監督者の終了《しゅうりょう》の合図で筆記用具を置き，解答面を下に向け，広げて机の上に置いてください。

6　解答用紙だけを提出《ていしゅつ》し，問題冊子は持ち帰ってください。

久留米信愛中学校

1　シンジさんは学校で電磁石について学んだことをいかした工作をしたいようです。そのことを友達のカヲルさんと相談しています。（１２点）

シンジ　「学校の工作でも，導線をまいたコイルと磁石で，コイルが回転するモーターを作ったね。」

カヲル　「じゃあ，リニアモーターを作ってみよう。リニアとは『直線状の』という意味だよ。」

シンジ　「未来って感じだね！　リニアモーターカーの研究について聞いたことがあるよ。」

カヲル　「リニアモーターはすでに地下鉄などでは実用化されて，電車を走らせるモーターとして使われているよ。確かにリニア新幹線の浮《ふ》上《じょう》走行《そうこう》で時速500ｋｍはまだ実験段階だけどね。」

シンジ　「ワクワクしてきた！　リニアモーター工作やってみよう！」

先　生　「それではまず基本をおさらいしましょう。**図１**の実験装置で，電流が磁石から受ける力について確認しましょう。」

シンジ　「スイッチを入れるとアルミパイプが磁石の間から外に出ていくように動いたよ。」

カヲル　「磁石の向きや電流の向きを変えてその特徴《とくちょう》を考えよう。」

シンジ　「学校で学んだ電磁石と同じように，電流の向きを逆にすると，（　　　）よ。」

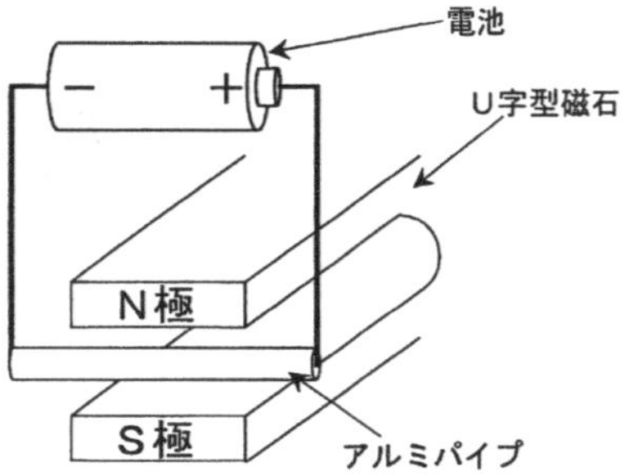

図１

先　生　「それではアルミパイプがレールの上を進むように，リニアモーターを作ってみましょう。ここで使う磁石は，右図のようなそれぞれの面にＮ極とＳ極があるフェライト磁石を用意しましたので使ってください。」

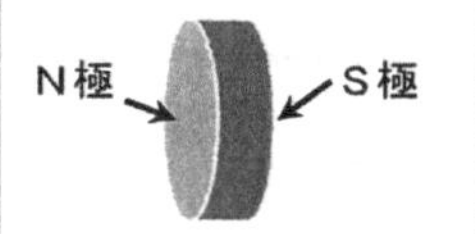

〈フェライト磁石〉

　こうしてシンジとカヲルは**図２**のようにリニアモーターを作りました。スイッチを入れると，アルミパイプがレールの上を矢印の向きに進みました。

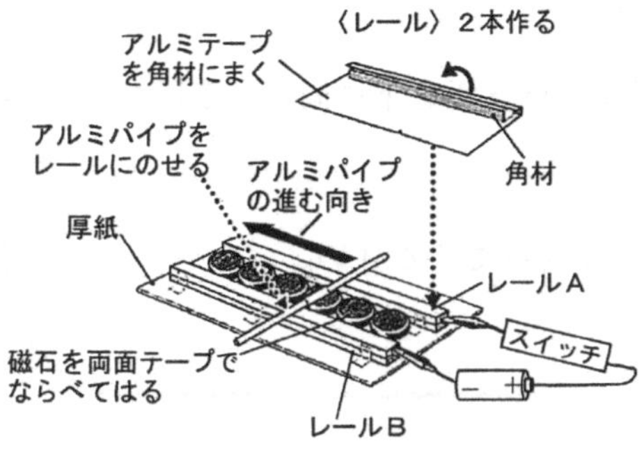

図２

【作り方】

１　磁石の厚さより少し太い角材にアルミニウムテープを巻いてレールを２本作る。

２　厚紙にフェライト磁石を両面テープで図のようにならべてはる。

３　磁石の両側にレールを置いてテープで固定する。

４　レールに電池とスイッチをつなぎ，アルミパイプをレールに乗せる。

問1　**図1**でアルミパイプの代わりに使用できるものを，次の**ア**～**エ**から１つ選び，記号で答えなさい。

ア　鉛筆《えんぴつ》のしん　　**イ**　ストロー　　**ウ**　木の棒　　**エ**　ゴムひも

問2　**図1**でアルミパイプを流れる電流が，磁石から受けている力の向きを，右図の矢印**ア**～**カ**から１つ選び，記号で答えなさい。

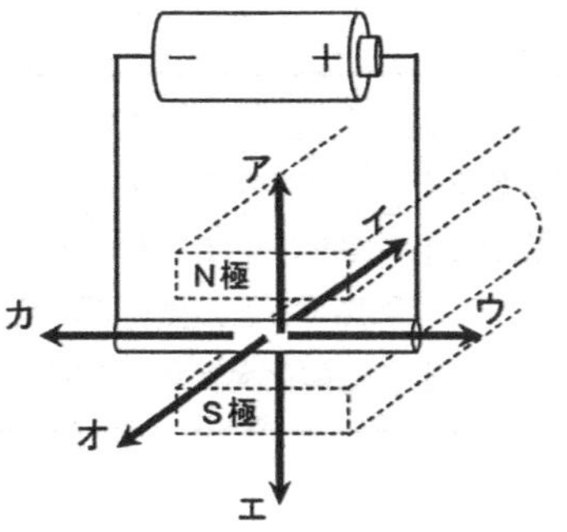

問3　会話文中の（　　）にあてはまる文を次の**ア**～**エ**から１つ選び，記号で答えなさい。

ア　アルミパイプの動きが大きくなる　　**イ**　アルミパイプが動かなくなる

ウ　アルミパイプの動く向きが逆になる　　**エ**　アルミパイプの動きが小さくなる

問4　**図2**で磁石をならべるとき，アルミパイプを矢印の方向に進めるための正しいならべ方を，次の**ア**～**ウ**から１つ選び，記号で答えなさい。

ア　N極を上向きにそろえてはる。　　**イ**　N極とS極が交互《こうご》に上向きになるようにはる。

ウ　S極を上向きにそろえてはる。

問5　はじめ，**図2**のアルミパイプがほとんど動かなかったため，シンジとカヲルは工夫をしました。どのような工夫をするとよいですか，簡単に答えなさい。

問6　次の文章は，**図2**のリニアモーターの仕組みについて説明したものです。（　　）内の**ア**，**イ**から１つずつ選び，それぞれ記号で答えなさい。

レールに，**図2**のように電池をつないでアルミパイプを置くと，電流がアルミパイプを①（**ア**　レールAからB　　**イ**　レールBからA）の向きに流れる。 すると②（**ア**　アルミパイプ　　**イ**　アルミパイプを流れる電流）が下にあるフェライト磁石から力を受けるため，**図2**の矢印の向きにアルミパイプが動く。

2　信雄《のぶお》さんと愛子さんは理科クラブの実験で次の**【実験１】**～**【実験４】**を行い，気体**Ａ**～**Ｄ**を集めました。（１３点）

【実験１】　**ア**石灰石にうすい塩酸をくわえると気体**Ａ**が発生した。
【実験２】　うすい塩酸に**イ**アルミニウムを入れると，気体**Ｂ**が発生した。
【実験３】　塩化アンモニウムと水酸化カルシウムの粉末をまぜたものを試験管に入れて加熱すると，気体**Ｃ**が発生した。
【実験４】　過酸化水素水に二酸化マンガンを入れると気体**Ｄ**が発生した。

問１　この実験で発生した気体**Ａ**～**Ｄ**はそれぞれ何ですか。

問２　気体**Ａ**～**Ｄ**を，下の図①～③の方法で集めました。気体**Ａ**～**Ｄ**の集め方として，最も適当な方法を，次の①～③から１つずつ選び，それぞれ番号で答えなさい。

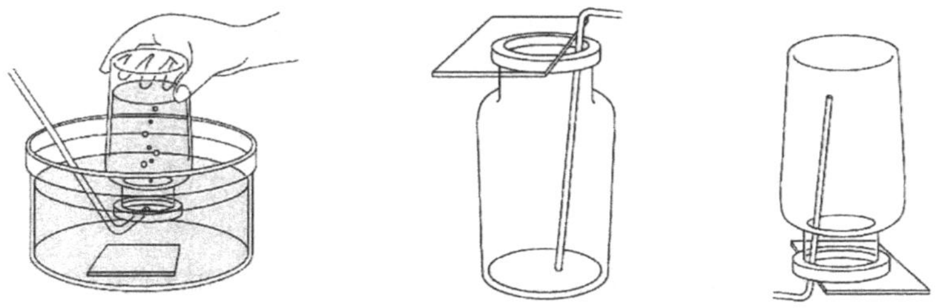

①　　　②　　　③

問３　下線部**ア**の石灰石のかわりに使うことで気体**Ａ**が発生する物質を１つ答えなさい。

問４　下線部**イ**のアルミニウムのかわりに入れて気体**Ｂ**が発生する物質を１つ答えなさい。

問５　**【実験２】**で，アルミニウムを間違《まちが》って水酸化ナトリウム水溶液《すいようえき》に入れてしまったところ，ある気体が発生しました。このときに発生した気体は何ですか。

【実験１】を，47gの重さのビーカーにうすい塩酸50ｇと重さをかえた石灰石で行いました。このとき，加えた石灰石の重さと反応後の容器の重さを調べて，下の**表**に表しました。

表

石灰石の重さ（ｇ）	1.0	1.5	2.0	2.5	3.0
反応後の容器の重さ（ｇ）	97.6	97.9	98.2	（　①　）	98.8

問６　石灰石の重さが1.5ｇのとき，発生した気体は何ｇですか。

問７　**表**の（　①　）にあてはまる値を答えなさい。

中

令和６年度中学校入学試験解答用紙

【Ａ日程】

社　　　会

・　この用紙の内側に解答欄《かいとうらん》があります。

・　監督者《かんとくしゃ》の指示があったら，この用紙を冊子から取りはずし，受験番号，氏名を記入してください。なお，受験番号を記入する欄は内側にもあります。

・　受験番号，氏名の記入が終わったら，この用紙を二つ折りにして，静かに開始の合図を待ってください。

受験番号		氏名	

久留米信愛中学校

R6 中学A 社会 解答用紙

1	問1	1	〈都道府県〉	〈記号〉	2	〈都道府県〉	〈記号〉
		3	〈都道府県〉	〈記号〉	4	〈都道府県〉	〈記号〉
	問2						
	問3						

※

2	問1		問2			
	問3		問4			
	問5		問6		問7	

※

3	問1		問2		問3	
	問4		問5		問6	
	問7		問8			
	問9					

※

R6 中学校A日程 理科 解答用紙

1				
	問1		問2	
	問3		問4	
	問5			
	問6	①	②	

※

2					
	問1	A		B	
		C		D	
	問2	A	B	C	D
	問3		問4		
	問5				
	問6	g	問7		

※

中

令和６年度中学校入学試験解答用紙

【Ａ日程】
理　　　　科

・　この用紙の内側に解答欄《かいとうらん》があります。

・　監督者《かんとくしゃ》の指示があったら，この用紙を冊子から取りはずし，受験番号，氏名を記入してください。なお，受験番号を記入する欄は内側にもあります。

・　受験番号，氏名の記入が終わったら，この用紙を二つ折りにして，静かに開始の合図を待ってください。

受験番号		氏名	

久留米信愛中学校

4	問1	(1)		(2)	
	問2	(1)			
		(2)			
	問3	(1)			
		(2)			
	問4	(1)		(2)	
	問5	(1)			
		(2)		(3)	
	問6	→ → → →			

※

受験番号

※ ※50点満点

得点	

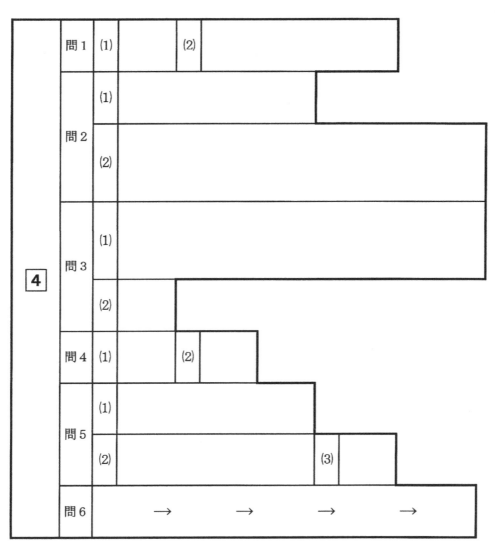

3　琥太郎《こたろう》さんは，ほ乳類の体のつくりや生活のしかたについて調べました。その一部を**【資料】**に示しました。また，大半のほ乳類は「草食動物」または「肉食動物」に分けられ，**【考察】**に示した各項目《かくこうもく》で，どちらかのタイプにあてはまることに気がつきました。（１３点）

【資料】

植物には食物せんいが多く含《ふく》まれており，それを分解（消化）して吸収すれば栄養となるが，動物は自分で消化できない。そのため植物を食べて生きる動物は，腸内に多くの（　①　）を住まわせて食物せんいを分解してもらい，その一部をもらって自分の栄養にするために腸が長くなっているものが多い。それでも，植物に含まれるエネルギーは少ないので，草食動物は多くの時間を（　②　）に費やし，なるべくエネルギーを消費しないような生活をしている。

一方，動物性たんぱく質（肉）は消化にあまり時間がかからず，含まれるエネルギーも多いので，肉食動物は多くの時間を（　③　）に費やしている。

【考察】

・**歯の特徴**	A	犬歯が発達している	B	門歯や臼《きゅう》歯《し》が発達している
・**目のつき方**	C	顔の横についている	D	顔の正面に左右ならんでいる
・**走り方**	E	胴体《どうたい》を上下にくねらせて走る	F	胴体はあまり動かさずに走る
・**走る距離《きょり》**	G	長い距離は走れない	H	長い距離を走れる
・**足のうらのようす**	I	かたいひづめがある	J	やわらかい肉球がある

問１　（　①　）にあてはまる生物を次の**ア**～**エ**から１つ選び，記号で答えなさい。

ア　ウィルス　　**イ**　プランクトン　　**ウ**　細菌《さいきん》（バクテリア）　　**エ**　アリ

問２　（　②　），（　③　）に入る適当な言葉を次の**ア**～**エ**から１つずつ選び，それぞれ記号で答えなさい。

ア　子育て　　**イ**　休憩《きゅうけい》や遊び　　**ウ**　移動　　**エ**　食事

問３　A，Bの特徴はどのようなことに向いていますか。最もあてはまるものを次の**ア**～**ウ**から１つずつ選び，それぞれ記号で答えなさい。

ア　相手に致命傷《ちめいしょう》を与《あた》える。　　**イ**　肉をかみ切る。　　**ウ**　草や葉をちぎり，すりつぶす。

問４　C，Dの特徴はどのような点で都合がよいですか。次の文の（　**ア**　），（　**エ**　）にCまたはDの記号を，（　**イ**　），（　**ウ**　），（　**オ**　）に入る適当な言葉をそれぞれ答えなさい。

（　**ア**　）は，（　**イ**　）い範囲《はんい》を見て，（　**ウ**　）となる動物を見つけるのに向いている。一方，（　**エ**　）は，物を（　**オ**　）で見ることで，距離を正確に知ることができる。

問５　**【考察】**に示した５つの項目において，肉食動物にあてはまるものを各項目から１つずつ選び，それぞれ記号で答えなさい。

4　サトシさんは地層の見学に行き，図１のとおりスケッチをし，それぞれの層の特徴《とくちょう》を記録しました。また，図２のような化石を採取しました。（１２点）

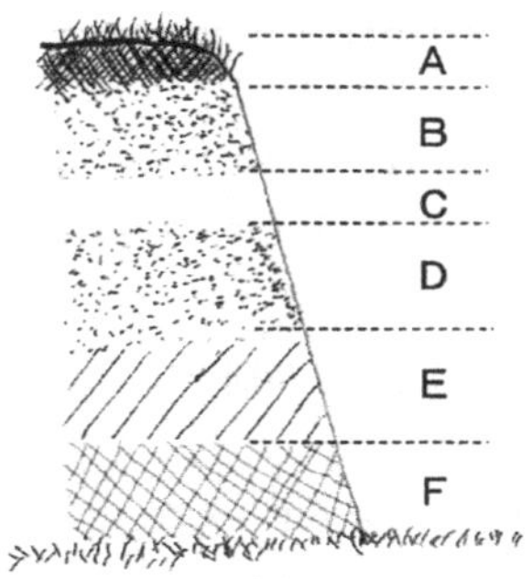

図１

図２

【特徴】
・　層ＢとＤは，砂や小石からできた，同じ種類の層だった。
・　層ＢとＤの間には，灰色っぽい色をした層Ｃがあり，同行した父に聞くと『凝灰岩《ぎょうかいがん》』という石でできているとのこと。
・　層Ｅは，きめ細かい泥《どろ》が固まった石でできていた。層Ｅで図２の化石を見つけた。
・　層Ｆは，砂が固まってできた石でできていた。

問１　図１の中で，最も古い時代にできた層を，層Ａ～Ｆから１つ選び，記号で答えなさい。

問２　火山の噴火《ふんか》が起こったと考えられるのは，どの層がたい積した後ですか。層Ａ～Ｆから１つ選び，記号で答えなさい。

問３　最も深いところでたい積した層を，層Ａ～Ｆから１つ選び，記号で答えなさい。

問４　次の文は，図２の化石について調べた内容の一部です。

図２の化石は『アンモナイト』という，現在のサザエやオウムガイ，タコなどと同じ仲間の生物である。1億4000万年前から6600万年前ごろの中生代といわれる時代に，世界中の海で広く栄えていた。大きさや形には様々なものがある。アンモナイトは，その化石が見つかった層ができた時代を示す基準の化石になっており，このような化石を『示準化石《しじゅんかせき》』という。

①　サザエやオウムガイ，タコなどは何という生物の仲間ですか。次のア～エから１つ選び，記号で答えなさい。

ア　節足動物　　**イ**　軟体《なんたい》動物　　**ウ**　は虫類　　**エ**　ほ乳類

②　アンモナイトの化石が，中生代の示準化石として有効な理由を，次のア～ウから１つ選び，記号で答えなさい。

ア　現在のサザエと同じ仲間の生物だから。　　**イ**　世界中の海で栄えていたから。
ウ　大きさや形に様々なものがあるから。

③　アンモナイトと同じ時代に栄えた生物として最もあてはまるものを，次のア～ウから１つ選び，記号で答えなさい。

ア　は虫類　　**イ**　鳥類　　**ウ**　ほ乳類

2024(R6) 久留米信愛中
教英出版

3	問１				
	問２	②	③		
	問３	A	B		
	問４	ア	イ	ウ	
		エ	オ		
	問５	歯の特徴		目のつき方	
		走り方		走る距離	
		足のうらのようす			

※

4	問１		問２	
	問３			
	問４	①	②	③

※

受験番号

※　※50点満点

得点	

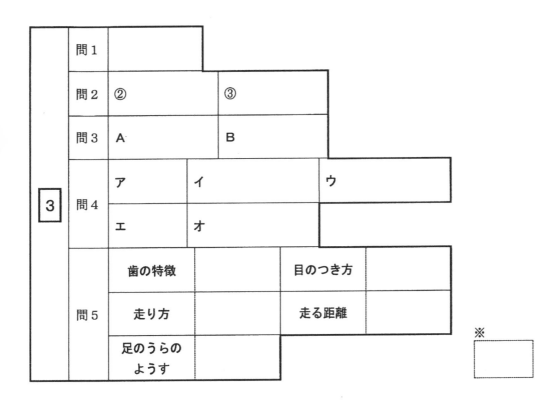

(3)　1周400 mのトラックを愛さんは歩き，信さんは愛さんの2倍の速さで走ります。愛さんは時計回りに，信さんは反時計回りに同時に出発したところ20分でちょうど9回すれ違いました。次に愛さんと信さんが時計回りに同時に出発したとき，初めて信さんが愛さんを追いぬくのは出発してから何分何秒後ですか。ただし2人の出発地点は同じ位置とします。

(4)　クラスの児童35人にりんごとみかんが好きか好きではないかのアンケートを実施《じっし》しました。その結果，りんごが好きと答えた児童は21人，みかんが好きと答えた児童は26人でした。両方とも好きではないと答えた児童が4人であったとき，両方とも好きと答えた児童は何人ですか。

3 次の問いに答えなさい。ただし，円周率は3.14とします。(15点)

(1) 下の図のように，AB，BC以外の辺はすべてABもしくはBCと平行となっています。図形の周の長さを求めなさい。辺の長さの単位はcmとします。

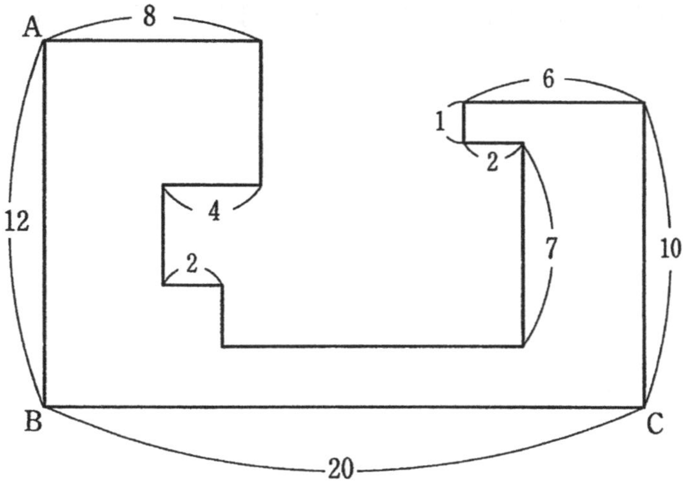

(2) 半径と高さがともに10 cm，6 cm，3 cmの円柱が図のように円の中心をそろえて重なっています。この立体の表面積を求めなさい。

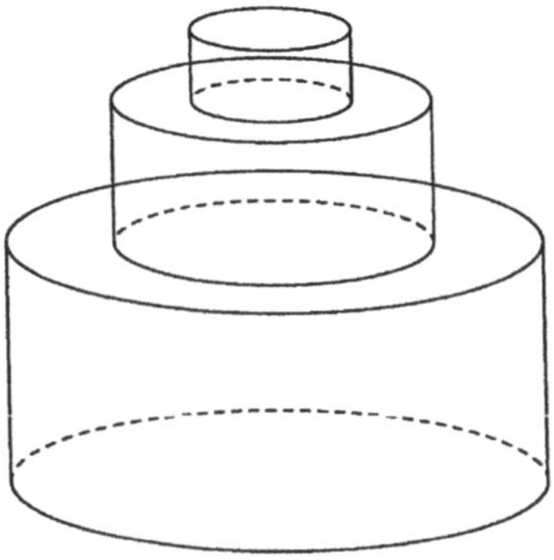

(3) 図の三角形は１辺が 12 cm の正三角形で，半円は点Ａが中心です。
図の斜《しゃ》線部分の面積の合計を求めなさい。

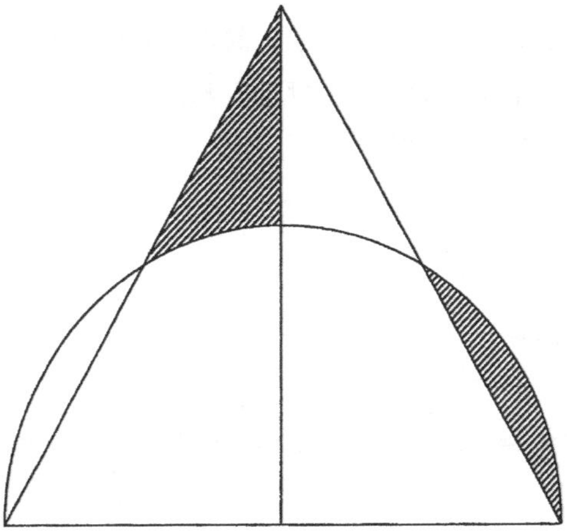

A

4 ある公園に図Ⅰのような広さ 150 m^2 の池があり，水を完全にぬいてそうじをし，もとのように水を入れる計画があります。水をぬく栓《せん》にゴミがたまり，水が思うようにぬけないことがたびたびあったので，そうじの後には水をぬく栓に図Ⅱのように上の面にアミをつけた筒《つつ》を置き，上の面から水は入るがゴミなどは中に入らないようにします。筒の底面積は 6 m^2 です。また，池に入れる水は地下水で，ポンプでくみ上げて入れます。ポンプは毎分 2.4 m^3 をくみ上げることができます。(20点)

図Ⅰ

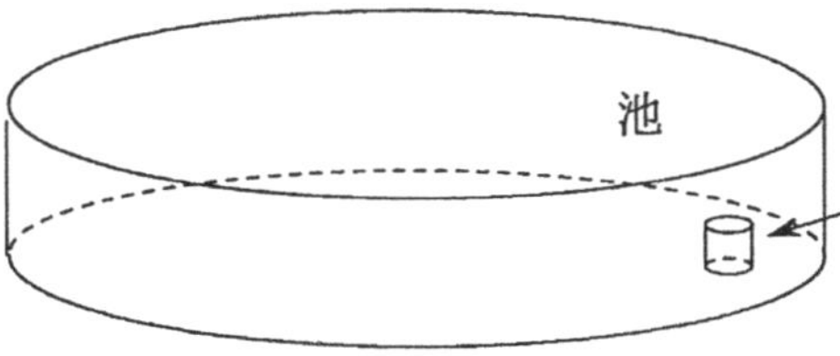

図Ⅱ 筒

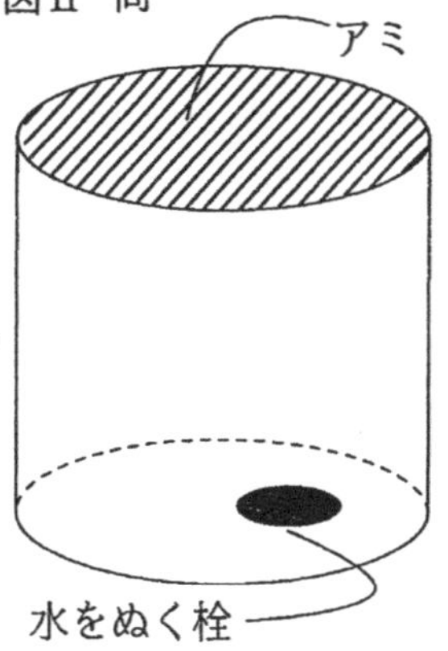

あいこ：池に水を入れるのはかなり時間がかかりそうだね。

たけし：池の広さが 150 m^2 なので，筒の高さまで水が入るのにはどのくらい時間がかかるんだろう。

あいこ：それは簡単に求めることができるよ。だって筒より低い時は筒の中には水が入らないので，底面積を 144 m^2 と考えることができるよ。

たけし：筒までの高さは 50 cm あるから時間を求めることができそうだね。

あいこ：単位に気を付けてね。

(たけしさんはしばらく計算して)

たけし：分かった。[ア] 分間かかるよ。最終的に池の深さは何 cm にする予定だったっけ。

あいこ：私の身長と同じだったから覚えているよ。146 cmだったはずよ。

(たけしさんは再び計算して)

たけし：分かった。水を入れ始めてから [イ] 時間 [ウ] 分 [エ] 秒かかるよ。

次の問いに答えなさい。

(1) ア ～ エ にあてはまる数を求めなさい。

(2) 実際に水を入れてみると計算上の時間より時間がかかっていました。原因を調べたところ，水をぬく栓がしまっていない事が原因と分かりました。水をぬく栓は毎分 $0.6m^3$ の水をぬくことができるものとします。計算上かかる時間と実際にかかった時間との差を何分何秒の形で求めなさい。

中

令和６年度中学校入学試験問題

【Ａ日程】

社　　　　会

（30分）

注意

1　監督者《かんとくしゃ》の開始の合図があるまで，この問題冊子を開かないでください。

2　問題は，２ページから７ページまであります。

3　解答は，すべて解答用紙の所定の欄《らん》に記入してください。

4　解答用紙の※印の欄には，何も記入しないでください。

5　監督者の終了《しゅうりょう》の合図で筆記用具を置き，解答面を下に向け，広げて机の上に置いてください。

6　解答用紙だけを提出《ていしゅつ》し，問題冊子は持ち帰ってください。

久留米信愛中学校

1

次の１～４の文章を読み，地図をみて，あとの問いに答えなさい。（８点）

１　①嬬恋村《つまごい》にてキャベツの生産がさかんであり，冬にはからっ風がふく。

２　日本最大級の砂丘《さきゅう》があり，らっきょうの生産がさかんである。

３　県南部は濃尾《のうび》平野の一部となり，県の北部から中部にかけては，飛騨《ひだ》山脈などが連なる山岳《さんがく》地帯である。

４　日向灘《ひゅうがなだ》に面しており，②ビニールハウスを利用したピーマンなどの栽培《さいばい》がさかんである。

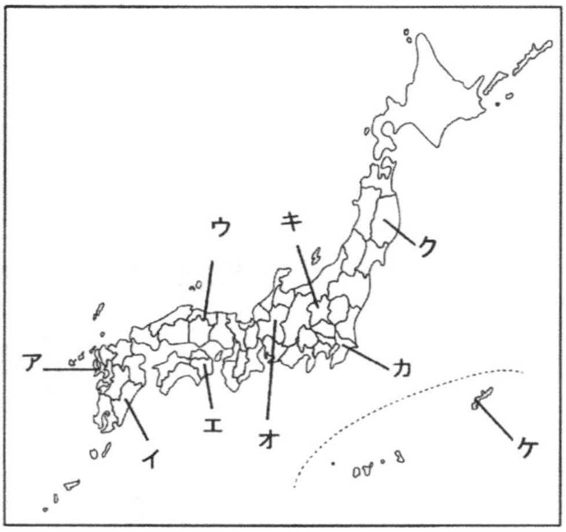

問１　１～４の文章は，地図中**ア～ケ**のいずれかです。１～４の文章にあてはまる都道府県名を答え，その位置を地図中**ア～ケ**から１つずつ選びなさい。

問２　下線部①の嬬恋村は，抑制《よくせい》栽培に適した産地の一つです。どうして抑制栽培が適しているのか説明しなさい。

問３　下線部②の栽培を促成《そくせい》栽培といいます。促成栽培のメリット（長所）を説明しなさい。

2

信太さんは，冬休みの宿題で「**世界の国と日本との関わり**」をテーマに調べ学習を行いました。信太さんが作成した資料をみて，あとの問いに答えなさい。（８点）

「世界の国と日本とのかかわり」

サウジアラビア

◇基本データ
　首都：リヤド
　人口：約３４００万人
　面積：約２２１万㎢
　主な言語：（　Ａ　）
　国の宗教：①イスラム教

◇日本との関わり：（　　Ｘ　　）

韓国

◇基本データ
　首都：（　Ｂ　）
　人口：約５１００万人
　面積：約１０万㎢
　文字：（　Ｃ　）
　伝統的な衣服：②チマチョゴリなど

◇日本との関わり：新型コロナウイルスで訪日観光客は減少したが，現在は回復しつつある。

問１　日本の人口はサウジアラビアの人口の約何倍ですか。もっとも近い数字を，次の**ア**～**エ**から１つ選びなさい。

ア　２倍　　**イ**　４倍　　**ウ**　１０倍　　**エ**　２０倍

問２　Ａにあてはまるものとして正しいものを，次の**ア**～**エ**から１つ選びなさい。

ア　ヘブライ語　　**イ**　ベンガル語　　**ウ**　スワヒリ語　　**エ**　アラビア語

問３　Ｂにあてはまる語句を答えなさい。

問４　Ｃにあてはまる語句を答えなさい。

問５　下線部①の宗教についてまちがっている文を，次の**ア**～**エ**から１つ選びなさい。

ア　１日５回聖地のメッカに向かっていのりをささげる。

イ　ラマダンと呼ばれる１か月の間の日中は，食べ物を口にしない。

ウ　唯一《ゆいいつ》の神であるアッラーを信仰《しんこう》しており，豚《ぶた》を神聖化している。

エ　女性が外出するときには，顔や体をおおう黒い衣服を身につける。

問６　下線部②のチマチョゴリが描《えが》かれている切手として正しいものを，次の**ア**～**エ**から１つ選びなさい。なお切手は問題の都合上加工されています。

ア

イ

ウ

エ

問７　日本との関わりについて（　Ｘ　）にあてはまる文章として正しいものを，次の**ア**～**エ**から１つ選びなさい。

ア　日本はサウジアラビアからもっとも多くの石油を輸入している。

イ　日本のＯＤＡをもっとも多く受けた国である。

ウ　日本の外国人留学生在籍《ざいせき》国として最も多い国がサウジアラビアである。

エ　日本からサウジアラビアへの最も多い輸出品は，半導体などの電気機械である。

3 先生と生徒２人の会話文を読み，あとの問いに答えなさい。（１４点）

先生：　夏休みの研究レポートのテーマは決まりましたか？

愛子：　日本の①少子高齢化《こうれいか》をテーマにしようと思っています。

先生：　それなら，老人福祉《ふくし》法について調べてみるといいですよ。

信太：　それって，どんな法律ですか？

先生：　②１９６３年に国が定めた法律です。１９５０年代半ば以降の日本は，③産業が急成長し，人々のくらしが豊かになりました。その一方で，（　④－ａ　）化が進み，ひとりぐらしの高齢者の数が増え，また共働きの家庭が増えて，高齢者の世話ができる人が少なくなりました。老人福祉法は，高齢者の生活を安定させること，高齢者の健康を保つこと，そして高齢者の（　④－ｂ　）をうながすことを基本の考えとしています。

愛子：　調べながら，子どもから高齢者まですべての人が安心してくらせる社会にするために何が必要なのか，考えてみようと思います。

先生：　いいですね。２人は，年齢，障がいの有無，性別，国籍《こくせき》に関係なく，すべての人にとって使いやすい製品や生活環境《かんきょう》のことをあらわす「（　⑤　）デザイン」という言葉を知っていますか？

信太：　聞いたことあります。

先生：　「（　⑤　）デザイン」をはじめ，すべての人の幸せなくらしを実現するための福祉事業は，⑥国や⑦地方自治体だけでなく，民間の組織も行っています。

愛子：　くわしく調べていくと視野が広がりそう！　信太さんは，テーマ決まった？

信太：　国際社会の中での日本の役割を調べてみようかなぁ…。

先生：　それもいいですね。ちょうど日本は，２０２３年から⑧国際連合の重要な役割を担っています。

愛子：　常任理事国に選ばれたんですよね。

信太：　違《ちが》うよ，常任理事国だったのは，国際連盟のときだよ。

先生：　その通りです。今回は，安全保障理事会の非常任理事国として，２年間の任期を務めます。非常任理事国に選ばれるのは１２回目で，加盟国の中で最多です。

愛子：　知らなかったぁ。日本は，国際社会からの信頼《しんらい》が高いんですね。

信太：　私は，ガソリンを全く使わない電気自動車や燃料電池自動車にも興味があって，環境問題にしようかと迷っているんです。

愛子：　わたしの祖父が乗っている車は，ハイブリッドカーだって言っていました。これって何ですか？

先生：　（　　　　　　⑨　　　　　　）自動車のことです。この自動車は，排出《はいしゅつ》ガスやガソリンの使用量をおさえることができるので，環境にやさしいとされています。

信太：　どっちも面白そう。やっぱり迷うなぁ。

先生：　ならば，環境問題の中での日本の役割をテーマにしたらどうですか。

愛子：　それ面白そう！

問１　下線部①について，少子高齢化について説明した次の文中（　　　）にあてはまる語句を正しく組み合わせたものを，あとの**ア**～**エ**から１つ選びなさい。

・「少子化」とは，人口に対する（　a　）歳《さい》以下の子どもの割合が少なくなること。

・「高齢化」とは，人口に対する（　b　）歳以上の高齢者の割合が７％以上になること。

ア　a－１４　b－６５　　**イ**　a－１８　b－６５

ウ　a－１４　b－７５　　**エ**　a－１８　b－７５

問２　下線部②より前に起こったできごとを，次の**ア**～**エ**から１つ選びなさい。

ア　瀬戸《せと》大橋の開通　　**イ**　イラク戦争の開始

ウ　日本の国際連合加盟　　**エ**　東西ドイツの統一

問３　下線部③について，これを何といいますか。

問４　文中（　④－a　）・（　④－b　）にあてはまることばを正しく組み合わせたものを，次の**ア**～**エ**から１つ選びなさい。

ア　a－核《かく》家族　b－社会参加　　**イ**　a－拡大家族　b－社会参加

ウ　a－核家族　b－介護《かいご》サービス利用　　**エ**　a－拡大家族　b－介護サービス利用

問５　文中（　⑤　）にあてはまることばを，次の**ア**～**エ**から１つ選びなさい。

ア　エコロジカル　　**イ**　サスティナブル　　**ウ**　バーチャル　　**エ**　ユニバーサル

問６　下線部⑥について，２０２３年，内閣府に新たに設置された組織を，次の**ア**～**エ**から１つ選びなさい。

ア　復興庁　　**イ**　デジタル庁　　**ウ**　こども家庭庁　　**エ**　社会保険庁

問７　下線部⑦について，地方議会で制定する地方自治体独自のきまりを何といいますか。

問８　下線部⑧についての説明として正しいものを，次の**ア**～**エ**から１つ選びなさい。

ア　設立当初，アメリカ合衆国は不参加だった。　　**イ**　軍事制裁の力をもっている。

ウ　総会での決定は，全会一致《いっち》が原則である。　　**エ**　常任理事国は２年ごとに変わる。

問9　文中（　　　⑨　　　）にあてはまるように，先生の説明を答えなさい。

4　次のＡ～Ｄの資料を見て，あとの問いに答えなさい。（２０点）

Ａ

Ｂ

Ｃ

Ｄ

Ｅ
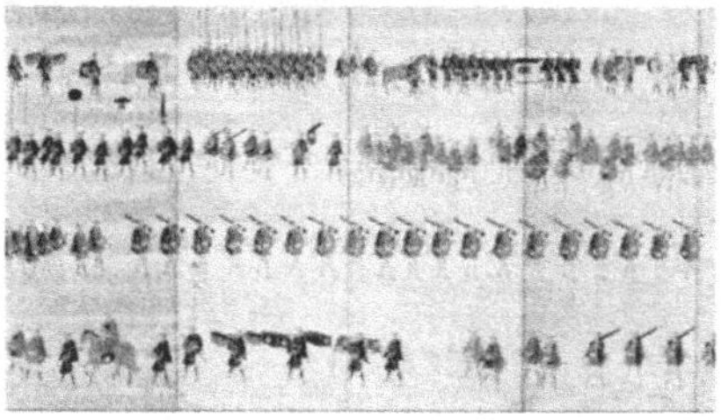

問１　Ａについて，次の問いに答えなさい。

⑴　Ａは天皇とのつながりを強くして，大きな力を持ちました。この人物がよんだ歌として正しいものを，次の**ア**～**エ**から１つ選びなさい。

ア　為《な》せば成る 為さねば成らぬ何事も 成らぬは人の為さぬなりけり

イ　あゝをとうとよ 君を泣く 君死にたまふことなかれ

ウ　天は人の上に人を造らず 人の下に人を造らずと云《い》えり

エ　この世をば わが世とぞ思ふもち月の かけたることも なしと思へば

⑵　Ａのむすめに仕えた紫式部《むらさきしきぶ》は，海外でも多くの言語で翻訳《ほんやく》され読まれている長編小説を書きました。紫式部が書いた作品名を答えなさい。

問２　Ｂについて，次の問いに答えなさい。

⑴　Ｂは昨年，新たな墓が見つかったことでも知られる弥生《やよい》時代の遺跡《いせき》です。この遺跡がある都道府県名を答えなさい。

⑵　この時代には高床《たかゆか》倉庫が多くつくられました。どのような目的でつくられたのか説明しなさい。

問３　Ｃについて，次の問いに答えなさい。

⑴　この時代，聖武天皇は次々と都を移しながら国分寺やＣをつくりました。天皇がこの大仏をつくった目的を答えなさい。

⑵　この時代の様子を説明したものとしてまちがっているものを，次の**ア**～**エ**から１つ選びなさい。

ア　『万葉集』では，天皇から庶民《しょみん》までの広い範囲の人々がつくった和歌が集められた。

イ　仏教にとどまらず，キリスト教などの新たな宗教が広まった。

ウ　行基が，人々のために橋や道，池や水路などをつくりながら仏教を広めた。

エ　天皇の持ち物や宝物が数多く残された，正倉院が建てられた。

問４　Ｄについて，次の問いに答えなさい。

⑴　この建物がある都市を，地図中の**ア**〜**エ**から１つ選びなさい。

⑵　愛子さんは、第二次世界大戦のときの国民の暮らしについてノートにまとめました。ノートの中の下線部と関連したものとしてまちがっているものを，あとの**ア**〜**エ**から１つ選びなさい。

> 戦争中，政府は国民に対して戦争に全面的に協力するよう求めた国家総動員法を制定し，戦時体制を強めていました。Ｄは，世界で初めて原子爆弾《ばくだん》が落とされ破壊《はかい》された建物の写真です。
>
> この戦争では，日本で約３１０万人ものぎせい者がでました。

ア　戦況が苦しくなると，国のために，多くの大学生が戦争に行った。

イ　戦時中，国民は国から配給された食料をもとに生活していた。

ウ　今の中学生くらいの年令になると，男子も女子も兵器工場に動員されていた。

エ　戦争に関する情報は，新聞やラジオなどで国民に正確に知らされていた。

問５　Ｅについて，次の問いに答えなさい。

⑴　徳川家光が将軍のころ，Ｅの制度が整えられました。大名が行列を組んで領地と江戸《えど》との間を行き来するこの制度を答えなさい。

⑵　この時代には多くの身分が存在していました。右のグラフのＸにあてはまる身分を答えなさい。

⑶　この時代に流行した浮世絵《うきよえ》で，『富嶽《ふがく》三十六景』などを手掛《が》けた人物を，次の**ア**〜**エ**から１つ選びなさい。

ア　葛飾北斎《かつしかほくさい》　　**イ**　杉田玄白《すぎたげんぱく》

ウ　近松門左衛門《ちかまつもんざえもん》　　**エ**　歌川広重《うたがわひろしげ》

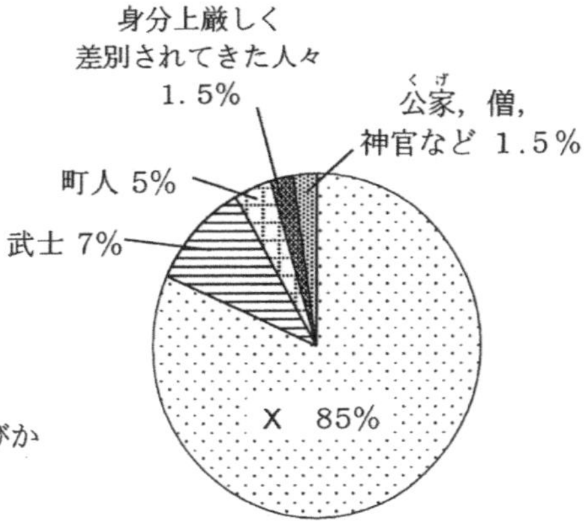

問６　資料Ａ〜Ｅを，それぞれが示す時代の古い順に並びかえなさい。

2024(R6) 久留米信愛中
K 教英出版

中

令和６年度中学校入学試験問題

【Ａ日程】

算　　　数

（40分）

注意

1　監督者《かんとくしゃ》の開始の合図があるまで，この問題冊子を開かないでください。

2　問題は，２ページから１１ページまであります。

3　解答は，すべて解答用紙の所定の欄《らん》に記入してください。

4　解答用紙の※印の欄には，何も記入しないでください。

5　監督者の終了《しゅうりょう》の合図で筆記用具を置き，解答面を下に向け，広げて机の上に置いてください。

6　解答用紙だけを提出《ていしゅつ》し，問題冊子は持ち帰ってください。

久留米信愛中学校

1 次の □ にもっともあてはまる数を求めなさい。(45点)

(1) $72-38+16=\square$

(2) $12\times8\div4=\square$

(3) $\frac{1}{4}+\frac{1}{3}-\frac{1}{12}=\square$

(4) $\frac{12}{125}\times0.125\div0.012=\square$

(5) $(18-2\times3)\div24=\square$

(6) $33.6\times1.5+6.64\times15=\square$

(7) $\square:3=2:9$

(8)　時速 36 km＝ 分速 (あ) m ＝ 秒速 (い) cm

(9)　 (あ) L ＝ 250 cm^3 ＝ (い) m^3

(10)　濃度《のうど》 8 %の食塩水 200 g に水　　g を混ぜ合わせると，5 % の食塩水になります。

(11)　あるスーパーで，1 個 120 円でパンを販売《はんばい》しました。仕入れた個数の 7 割は売れましたが，残り 3 割が余っていたので，80 円で販売したところすべて売り切ることができました。その結果全体で 2000 円の利益が出ました。仕入れた個数が 400 個のとき，パン 1 個あたりの仕入れ値は　　円 です。

(12)　下の数字の列は 2 つの数字 1，2 をもとに，ある法則に従って並んでいます。

1 , 2 , 3 , 5 , 8 , 13 , ……

最初の数を 1 番目とすると，10 番目の数は　　です。

(13) 下の図の台形の面積は［　　　cm^2］です。

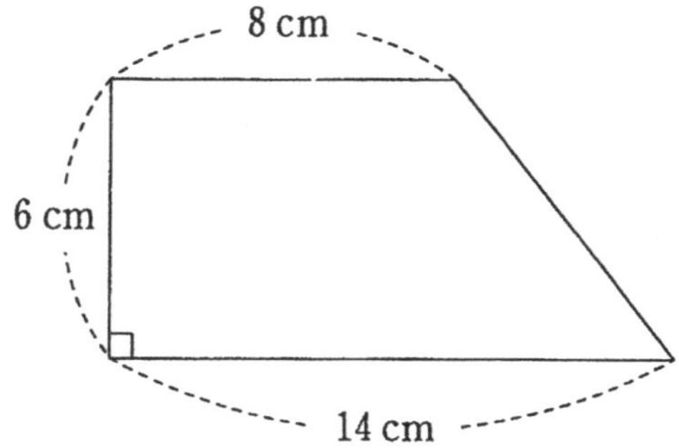

(14) 立方体の1辺の長さが3倍になったとき，体積はもとの立方体の［(あ) 倍］になります。また，表面積はもとの立方体の［(い) 倍］になります。

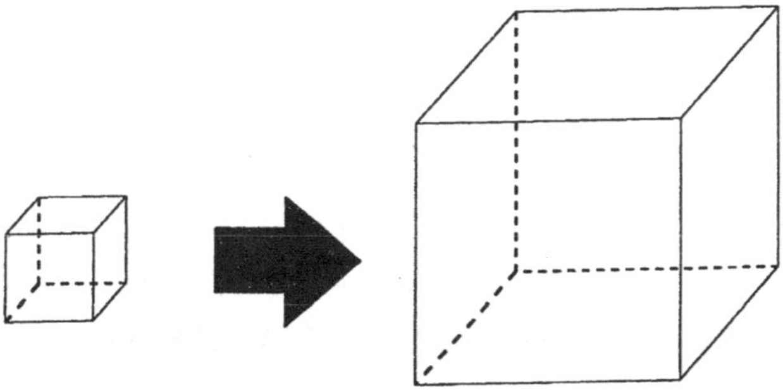

(15) 下の展開図を組み立ててできる三角柱の体積は［　　　cm^3］です。

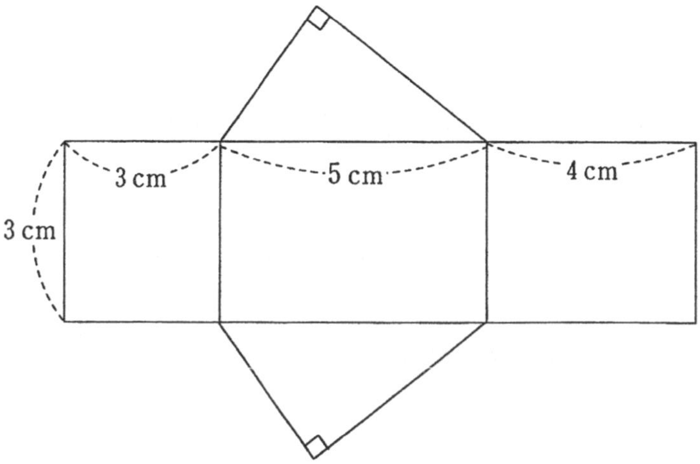

2 次の問いに答えなさい。(20点)

(1) 春子さんの家族は父親が一番年上の4人家族です。父親と母親の年齢《れい》を足すと春子さんと妹の年齢の合計の5倍になります。春子さんと妹の年齢差は父親と母親の年齢差の2倍になります。父親は42歳《さい》，妹は4歳です。春子さんの年齢を求めなさい。

(2) 2つの水槽《すいそう》AとBがあります。Aには160L，Bには1240Lの水が入っており，Aには3本，Bには2本のホースを使って同時に水を入れ始めます。どのホースからも毎分10Lの水がでます。Aの水の量がBの水の量の半分になるのは水を入れ始めてから何分後か求めなさい。

中

令和５年度中学校入学試験解答用紙

【Ａ日程】

国　　語

・　この用紙の内側に解答欄《かいとうらん》があります。
・　監督者《かんとくしゃ》の指示があったら，この用紙を冊子から取りはずし，受験番号，氏名を記入してください。なお，受験番号を記入する欄は内側にもあります。
・　受験番号，氏名の記入が終わったら，この用紙を二つ折りにして，静かに開始の合図を待ってください。

受験番号		氏名	

久留米信愛中学校

R5 中学校A日程 国語 解答用紙

一

①
②
③
④
⑤
⑥
⑦
⑧
⑨
⑩

二

①
②
③
④
⑤

三

問一
A
B

問二

問三

問四
ア はじめ
終わり
イ はじめ
終わり

問五

※

受験番号

※100点満点 ※

得点

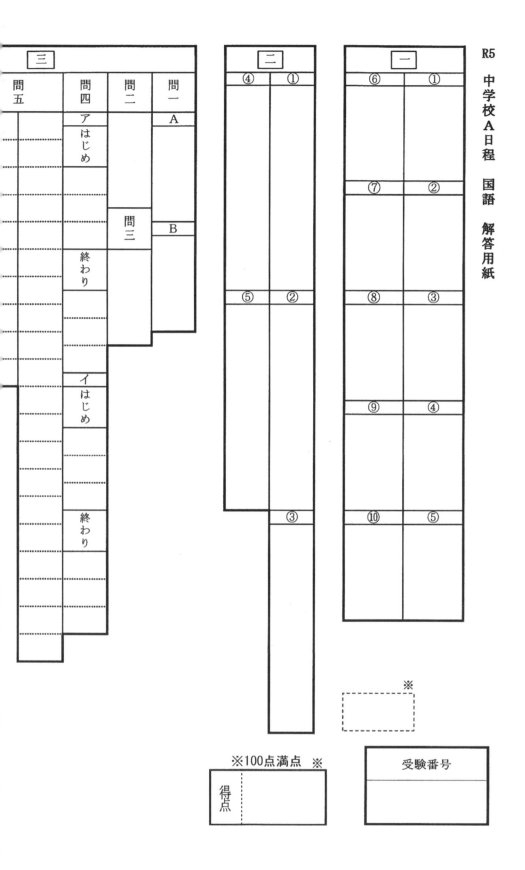

中

令和５年度中学校入学試験問題

【Ａ日程】

国　　　　語

（40分）

注意

1　監督者《かんとくしゃ》の開始の合図があるまで，この問題冊子を開かないでください。

2　問題は，２ページから７ページまであります。

3　解答は，すべて解答用紙の所定の欄《らん》に記入してください。

4　解答用紙の※印の欄には，何も記入しないでください。

5　監督者の終了《しゅうりょう》の合図で筆記用具を置き，解答面を下に向け，広げて机の上に置いてください。

6　解答用紙だけを提出《ていしゅつ》し，問題冊子は持ち帰ってください。

久留米信愛中学校

2023(R5) 久留米信愛中
教英出版

一 次の①～⑩の――線のカタカナは漢字に改め、漢字は読みをひらがなで書きなさい。（二十点）

① シュクメイのライバル。

② 食事をかんたんにスませる。

③ ソフと将棋《しょうぎ》をする。

④ バットでボールをウつ。

⑤ ゼイキンについて考える。

⑥ 畑にヒリョウをまく。

⑦ フグはドクを持っている。

⑧ 雑貨店を営む。

⑨ その言葉は彼《かれ》には禁句である。

⑩ 非力な子どもを守る。

二 次の①～⑤が、敬語を使った文として正しい場合は〇と答え、誤りがある場合は――線を正しい敬語表現に直して答えなさい。（十点）

① 先生が私に申しました。

② 母があいさつにまいりました。

③ 先生、何時にいけばよいでしょうか。

④ 父が山田さんにくださるそうです。

⑤ 社長がおこしになります。

三 次の文章を読んで、あとの問いに答えなさい。（四十点）

お詫び
著作権上の都合により、文章は掲載しておりません。
ご不便をおかけし、誠に申し訳ございません。
教英出版

お詫び

著作権上の都合により、文章は掲載しておりません。
ご不便をおかけし、誠に申し訳ございません。

教英出版

お詫び

著作権上の都合により、文章は掲載しておりません。
ご不便をおかけし、誠に申し訳ございません。

教英出版

（将基面貴巳『従順さのどこがいけないのか』一部改変）

※ 巨匠 … 芸術などの世界で特別に優れており、大きな仕事をした人。
※ 自助 … 他人に頼らず、自力で行うこと。
※ 席巻 … 激しく勢力範囲《はんい》を広げること。
※ パンデミック … 感染症の世界的な大流行。

問一 文中の[A]・[B]にあてはまることばを次の中からそれぞれ選び、記号で答えなさい。

ア たとえば　イ しかも　ウ さらに　エ だから　オ なぜなら

問二 文中の（ 1 ）にあてはまるものを次の中から一つ選び、記号で答えなさい。

ア 自分だけが助かるのだ　イ 自分も助からないのだ　ウ 他人も助からないのだ　エ 他人も自分も助かるのだ

問三 文中の（ 2 ）にあてはまるものを次の中から一つ選び、記号で答えなさい。

ア 輪　イ 拍車　ウ 期待　エ 歯止め

問四 ――線①「これ」はどのような内容を指しますか。次の文の[　]にあてはまることばを、文中からそれぞれ指定された字数でぬき出し、はじめと終わりの三字で答えなさい。（句読点なども字数にふくみます）

[ア（二十一字）]は信頼関係が弱いため、[イ（十字）]こと。

問五 ――線②「社会の崩壊」とありますが、筆者はどのような状態を「社会の崩壊」だと考えていますか。「自己責任」ということばを使って、三十字以内で答えなさい。（句読点なども字数にふくみます）

問六 ――線③「他者の利害を尊重するという視点が『自己責任』論には欠けているのです。」とありますが、筆者がこのように述べるために文中で用いている事柄として最も適当なものを、次の中から選び、記号で答えなさい。

ア 戦場での、人々が互いに信頼しあい生存を目指す行動。　イ 『七人の侍』に登場する村人たちの行動。
ウ 新型コロナ・ウイルス席巻中の日本人の言動。　エ 政府の、国民にばかり「自己責任を果たせ」という発言。

問七 本文で筆者が述べていることとして正しいものを、次の中から一つ選び、記号で答えなさい。

ア 自己利益だけでなく全体の利益を考え、全体の利益と自己の利益を調和させるように行動することで「共通善」が実現する。
イ 「共通善」を実現するには、一人ひとりの市民がそれぞれ自分が果たすべき義務を自分の力だけで果たさなければならない。
ウ 他人の存在を頼りにすることで、人は自己責任を果たすことができなくなり、「共通善」の思想に忠実でなくなる。
エ 「共通善」という思想は、全体の利益を最優先に考え、その利益をすべての人に分けあたえるために生み出された。

R5 中学校　A日程 算数 解答用紙

1	(1)			(2)		
	(3)			(4)		
	(5)			(6)		
	(7)					
	(8)	(あ)	mg		(い)	kg
	(9)	(あ)	cm^2		(い)	ha
	(10)		試合以上	(11)		人
	(12)	(あ)	枚		(い)	枚
	(13)			(14)		cm^2
	(15)		cm^3			

※

2	(1)		(2)	ページ
	(3)	分　　秒	(4)	g

※

中

令和５年度中学校入学試験解答用紙

【A 日程】

算　　　数

・　この用紙の内側に解答欄《かいとうらん》があります。

・　監督者《かんとくしゃ》の指示があったら，この用紙を冊子から取りはずし，受験番号，氏名を記入してください。なお，受験番号を記入する欄は内側にもあります。

・　受験番号，氏名の記入が終わったら，この用紙を二つ折りにして，静かに開始の合図を待ってください。

受験番号		氏名	

久留米信愛中学校

四　次の文章を読んで、あとの問いに答えなさい。（三十点）

〔新《あき》は陸上部の集まりに参加した後、兄の朔《さく》と高速バスに乗り、両親と別に帰省した。そのバスが事故にあい、朔は視力を失った。自分を責める新は、自分も大切なものを捨てようと考え、高校に入ると陸上をやめた。新は、ブラインドマラソンを始めた朔から伴走《ばんそう》を頼《たの》まれて引き受けた。一度は伴走をやめようとした新だが、朔と事故の話をしたことをきっかけに、伴走者を続けることを決め、大会出場を目指した。大会当日、レース直前に朔は新に話しかけた。〕

「いつか新、言っただろ、オレのこと※偽善者《ぎぜんしゃ》だって。」

「はっ？」

「あれ正しいよ。オレ、新が陸上やめたこと知ったとき、腹が立った。」

どうしてそんなに腹を立てたのか、あのときは朔にもわからなかった。考えようともしなかった。ただ無性《むしょう》に、猛烈《もうれつ》に腹が立った。

「オレがブラインドマラソンを始めたのは、おまえを走らせようと思ったからだよ。」

「そんなことわかってたよ。朔はオレのために」

「違《ちが》う。」ことばを断ち、もう一度「違う。」と朔はくり返した。

「そう思わせただけ。ただの※欺瞞《ぎまん》だ。」

新の目が［A］見開いた。

「オレは、新が思ってるようないい兄貴でもないし、人のことを思いやったりできる人間でもない。嫉妬《しっと》も後悔《こうかい》もするし、恨《うら》んだりもする。新のことだって。」

「いいよ！　いいよ、そんなこと言わなくて。ていうかなんで言うんだよ、しかもいまってなんだよ。」

「いまだから。」

いまじゃなかったらオレは話せていない。逃《に》げてしまう。

また気づかないふりをしてしまう――。

「意味わかんねんだけど。」

新の声がかすれた。

「おまえに伴走を頼んだのは、オレのそばにいて、オレと一緒《いっしょ》に走ることで、新が苦しむことがわかっていたからだ。」

新を傷つけてやりたかった。失明したのは新のせいじゃない。事故だった。ただ運が悪かっただけだ。頭ではわかっていたつもりだった。それでも、病院のベッドの上でも家を離《はな》れてからも、もしもと同じことが頭をよぎった。

新のせいにするなんてどうかしている。そんなことを思うなんて、頭がおかしくなったんじゃないかと自分を疑った。でも、頭ではわかっているはずなのに、気持ちがついていかなかった。どうしても、もしもと考え、それをあわててかき消して、また同じことを繰《く》り返した。

時間とともに、身のまわりのことがひとつひとつできるようになり、視力に頼《たよ》らず暮らしていくすべを覚えていった。もしも、ということばが1頭をもたげることもほとんどなくなった。これなら家に戻《もど》っても、家族の荷物にならず生活できる。新と会っても感情が揺《ゆ》れることはない。①そう思って帰ったのに、※梓《あずさ》から新が陸上をやめたことを聞いたとき、時計の針が逆回転した。

あのとき、新がやめた理由を梓に問いながら、朔には察しがついていた。

オレが視力を失った代わりに、新は陸上をやめた――。

そういうことを考えるやつだとわかっていた。だけどそれは、2裏を返せば単に楽になろうとしているだけのことではないのか？　大切なものを手放し、失うことで、同じ痛みを負ったつもりになっている。

そんな弟を、あのとき激《はげ》しく嫌悪《けんお》した。

新を走らせる。走らせて、走ることへの※渇望《かつぼう》を煽《あお》ってやりたい。失うことの、奪《うば》われることの苦しさはそんなものではない。それを味わわせたい――。

だけど、わかっていなかったのはオレだ。

オレは、新の苦しみをわかっていなかった。わかろうとしなかった。

「おしまいにする。」

「はっ?」

「もう新とは走らない。」

「なに言ってんの?」

「……勝手なこと言ってるのはわかってる。けど、ごめん。これ以上、自分に幻《げん》滅《めっ》したくない。」

新は朔が手にしている※ロープを握《にぎ》った。

「きっかけなんて、どうでもいいじゃん。神様じゃないんだ、人間なんだからいろいろ思うだろ。オレが朔なら、どうなってたかわかんないよ。まわりに当たり散らして、壊《こわ》して、傷つけて、自分の中にこもって、なにもできなかったんじゃないかって思う。朔が思ったことはあたりまえのことだよ。」

一気に言うと、新は大きく息をついた。

「それに、朔、②それずっと続かなかっただろ。」

朔の顔が［B］動いた。

「わかるよ、毎日一緒に走ってきたんだから。伴走頼まれたとき、オレ、マジでいやだった。でもいまはよかったと思ってる。朔が言ってくれなかったら、オレはいまだってきっと、朔からも走ることからも逃げてたと思う。」

「だからそれは。」

ううん、と新は首を振《ふ》った。

「伴走引き受けてからも、ずっと朔のために走ってるんだって自分に言い訳して、ごまかしてた。それで納得しようとしてた。でも、たぶん違った。伴走者としては間違ってるし、オレは失格かもしれないけど、やっぱりオレは、オレのために走ってた。朔と走ることは朔のためじゃなくてオレのためだった。」

新はロープを握り直した。走ることは、孤独《こどく》だ。どんなに苦しくても、辛《つら》くても、誰《だれ》かに助けてもらえるものではない。走れなくなったらその場に立ち止まり、倒《たお》れ込むだけだ。それはブラインドマラソンも同じだ。ふたりで走っていても、伴走者が支えるわけじゃない。手を引くわけでも、背中を押《お》すわけでも、代わりに走るわけでもない。

ふたりで走っていても、それは変わらない。

③走ることはやっぱり孤独だ。

孤独で、自由だ。

「行こう。」

「オレは。」

「最後ならそれでもいいよ。だけど、ここで棄権《きけん》するとか言うなよな。」

新は朔の腕《うで》をつかんで、スタートゲートへ足を向けた。

（いとうみく『朔と新』一部改変）

※ 偽善者 … うわべだけ正しくよいことをしているように見せかける人。
※ 欺瞞 … 人をあざむき、だますこと。
※ 梓 … 朔の友人。
※ 渇望 … 心の底から手に入れたいと望むこと。
※ ロープ … ブラインドマラソンで、走者と伴走者をつなぐロープ。

問一　文中の[A]・[B]にあてはまることばを次の中からそれぞれ選び、記号で答えなさい。

ア　わなわなと　　イ　ぴくりと　　ウ　くっと　　エ　うっすらと　　オ　ぐらりと　　カ　しげしげと

問二　――線1「頭をもたげる」・2「裏を返せば」の意味として適当なものを、次の中からそれぞれ選び、記号で答えなさい。

1　ア　どうしようもなくて困る　　イ　心にあらわれてくる　　ウ　なんとなく聞こえてくる　　エ　注意をひきつける

2　ア　相手の考えを見ぬけば　　イ　そのまま受け入れれば　　ウ　逆の立場からみると　　エ　予想外のこととすると

問三　――線①「そう思って帰ったのに、梓から新が陸上をやめたことを聞いたとき、時計の針が逆回転した。」とありますが、ここから「朔」のどのような気持ちがわかりますか。文中のことばを使って四十五字以上、五十五字以内で答えなさい。（句読点なども字数にふくみます）

問四　――線②「それ」が指す内容を説明した次の[　　]にあうことばを、文中から四十字でぬき出し、はじめと終わりの五字で答えなさい。（句読点なども字数にふくみます）

[　　]こと

問五　――線③「走ることはやっぱり孤独だ。孤独で、自由だ。」とありますが、ここでの「新」の説明として適当なものを、次の中から二つ選び、記号で答えなさい。

ア　自分のために走ることのよさや、走ることが好きな自分に改めて気づいている。

イ　朔からも、走ることからも逃げていた自分をだれも理解してくれないと嘆《なげ》いている。

ウ　自分を犠牲《ぎせい》にしたとしても、他人のために走らなければならないのだと納得している。

エ　たとえ二人で走っても、走ること自体は自分一人の力でなしとげるものだと痛感している。

オ　朔と走るのが最後になるのを悲しみつつも、これからは自分のために走ろうと決意している。

問六　本文の表現の特徴として最も適当なものを次の中から選び、記号で答えなさい。

ア　多くの色を使ってあざやかに情景を描くことで、登場人物の気持ちの変化を読者に暗示している。

イ　短い文の、テンポがよい会話を連ねることで、登場人物の性格や作品に軽快な感じをあたえている。

ウ　聴覚《ちょうかく》や触覚《しょっかく》にうったえる表現を繰り返し使い、読者が登場人物の人物像をつかみやすいように工夫をしている。

エ　会話以外の部分に登場人物の心の中の言葉がそのまま語られ、登場人物の思いを読者にありありと想像させている。

問七

四

問一
A
B

問二
1
2

問三
45

問四
はじめ
終わり

問五

問六

※

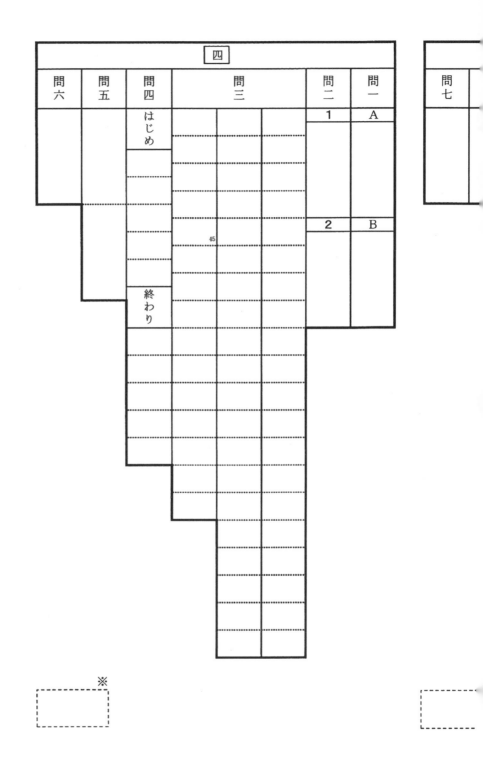

中

令和５年度中学校入学試験問題

【Ａ日程】

算　　　数

（40分）

注意

1　監督者《かんとくしゃ》の開始の合図があるまで，この問題冊子を開かないでください。

2　問題は，２ページから１１ページまであります。

3　解答は，すべて解答用紙の所定の欄《らん》に記入してください。

4　解答用紙の※印の欄には，何も記入しないでください。

5　監督者の終了《しゅうりょう》の合図で筆記用具を置き，解答面を下に向け，広げて机の上に置いてください。

6　解答用紙だけを提出《ていしゅつ》し，問題冊子は持ち帰ってください。

久留米信愛中学校

1　次の $\square$ にもっともあてはまる数を入れなさい。(45点)

(1)　$25-19+24=\square$

(2)　$3\times 8\div 4=\square$

(3)　$\dfrac{2}{3}-\dfrac{4}{9}+\dfrac{5}{6}=\square$

(4)　$1.75\times\dfrac{8}{9}\div 2\dfrac{1}{3}=\square$

(5)　$(30-2\times 3)\div 6=\square$

(6)　$8\times 3\times 0.067-2\times 0.067\times 7=\square$

(7)　$\dfrac{1}{4}\times\left(12+\square\right)=\dfrac{7}{2}$

(8) (あ) mg = 1300 g = (い) kg

(9) (あ) cm^2 = 3.5 a = (い) ha

(10) あるサッカーチームは8試合をおえた時点での勝率が62.5％でした。このチームが25試合をおえた時点での勝率が60％をこえるには，残りの試合で　　試合以上　勝利する必要があります。ただし，試合は必ず勝敗が決まり，引き分けはないとします。

(11) 50人の生徒のうち，自宅で犬を飼っている生徒は19人，猫《ねこ》を飼っている生徒は12人，犬も猫も飼っていない生徒は23人でした。犬と猫の両方を飼っている生徒は　　人　です。

(12) 動画は，少しずつ変化する静止画を連続で表示することによって動いているように見えます。現在製作中の動画は最初の4分が完成したところで，静止画の数は5760枚になりました。

このとき，1秒間に表示する静止画の数は (あ) 枚 です。また，完成した動画の再生時間が1時間15分であるとき，静止画の数は (い) 枚 です。

(13) 右手の手のひらを自分のほうに向けて，下の図のように規則的に指を曲げたり伸ばしたりして数を数えると，は［　　　］です。

(14) 下の図の台形ABCDは，辺ADが6 cm，辺BCが9 cm，三角形AODの面積は12 cm^2 です。台形ABCDの面積が75 cm^2 のとき，三角形OBCの面積は［　　cm^2］です。

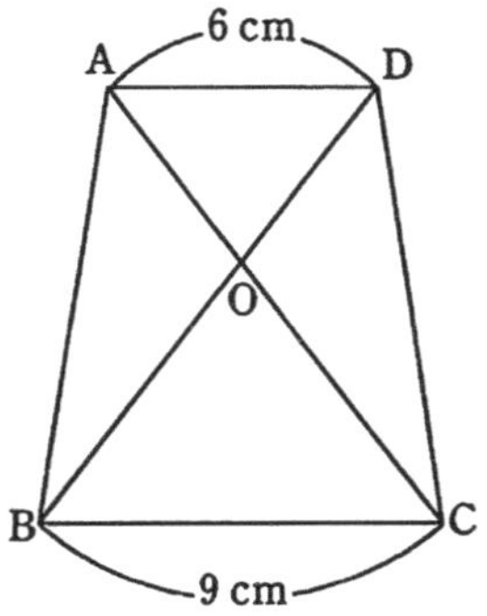

(15) 正面から見ると縦の長さが6 cm，横の長さが4 cmの長方形で，上から見ると半径2 cmの円である立体の体積は［　　cm^3］です。
ただし，円周率は3.14とします。

2 次の問いに答えなさい。(20点)

(1) A，B，Cの3つの数があり，A，B，Cの3つの数の合計は180，AとBの平均は55，BとCの平均は66です。このとき，Bの数は何になるか求めなさい。

(2) 信さんは，学校で出された課題に取り組みました。毎日同じページ数を進めていき，12日目までで全体の$\frac{4}{13}$を済ませました。13日目からは1日3ページ進めることにしたところ，30日目にちょうど課題を終わることができました。このとき，信さんは1日目から12日目まで1日何ページ進めていたか求めなさい。

中

令和５年度中学校入学試験解答用紙

【Ａ日程】

理　　　　　科

・　この用紙の内側に解答欄《かいとうらん》があります。

・　監督者《かんとくしゃ》の指示があったら，この用紙を冊子から取りはずし，受験番号，氏名を記入してください。なお，受験番号を記入する欄は内側にもあります。

・　受験番号，氏名の記入が終わったら，この用紙を二つ折りにして，静かに開始の合図を待ってください。

受験番号		氏名	

久留米信愛中学校

1	問1	温度		明るさ	
	問2				
	問3			問4	
	問5	色		重さ	
	問6	性			
	問7	記号		名前	

※

2	問1		問2	
	問3		問4	
	問5			

※

教英出版

(3)　自転車で 7.7 kmの道のりを，はじめの 25 分間は分速 130 mで走り，残りの道のりを分速 150 mで走りました。かかった時間は全体で何分何秒か求めなさい。

(4)　濃《のう》度《と》が 8 %の食塩水が 100 g あります。濃度を 10 %にしようと考えて食塩を加えたところ，入れすぎてしまい濃度が 20 %になってしまいました。この食塩水に水を加えて濃度を 10 %にするには何 g の水を入れればよいか求めなさい。

3 次の問いに答えなさい。ただし，円周率は3.14とします。(15点)

(1) 下の図のように，半径4cmの円の中に正六角形が入っています。
斜線《しゃせん》部分の面積を求めなさい。

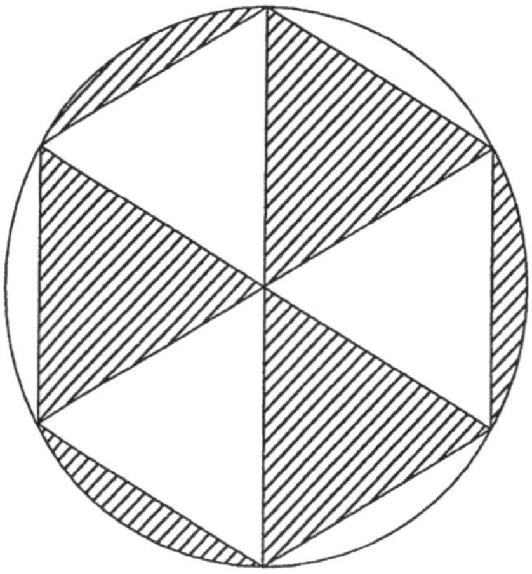

(2) 下の図は正五角形の中に正三角形が重なったものです。角アの大きさを求めなさい。

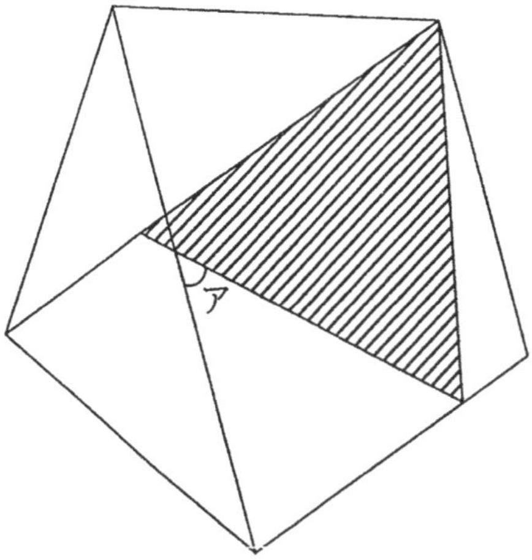

(3)　一辺が 10 cmの立方体に底面の直径が 2 cm，高さが 1 cmの円柱を切り取って，1 から 6 の目が出るさいころを作ることにしました。このときのさいころの体積を求めなさい。

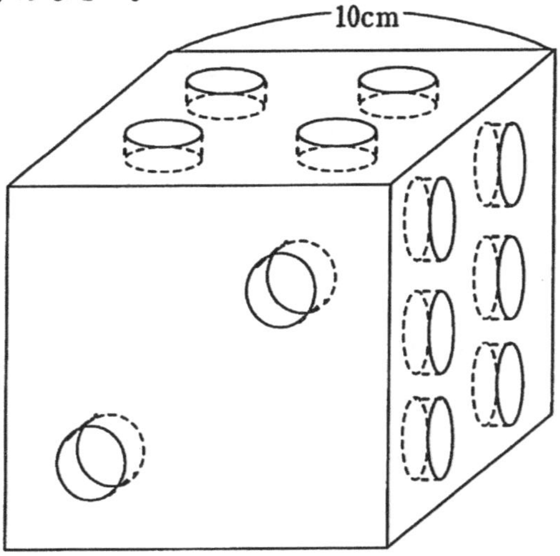

4 まみさんの家族は自分たちの家からおばあちゃんの家まで車で移動します。その間には信号がいくつもあり，赤信号のときは止まるため，同じ速さで走っていても正しい速さの平均が求められません。まみさんは，前回の移動したときの時間や速さをお父さんから聞き，赤信号で停止した時間もふくめた速さの平均を計算してみることにしました。まみさんとお父さんの会話を読み，あとの問いに答えなさい。ただし，信号で止まるときは，すべて2分待ったこととします。(20点)

まみさん：前回おばあちゃんの家に行くまでにはどのくらいかかったの？

お父さん：カーナビの記録では84分かかったよ。その間には確か6回信号で止まったと思うよ。

まみさん：信号で待った時間は全部で [あ] 分になるね。

まみさん：運転をしているときはどれくらいの速さで走るの？

お父さん：そうだね，いつも平均で時速40kmになるように走っているよ。でも，2km渋滞《じゅうたい》になる区間があって，そこを走るときは平均で時速10kmくらいで運転しているよ。

まみさん：渋滞になる区間では [い] 分かかったことになるね。おばあちゃんの家までは [う] kmあるんだ。これで全体の速さの平均が計算できるよ。

(1) あ ～ う にあてはまる数を答えなさい。

(2) 前回の自宅からおばあちゃんの家までの速さの平均は時速何 km か答えなさい。

(3) 今回は早く到着するために，高速道路を利用することにしました。出発直後と到着前の 1 km は平均で時速 40 kmで運転し，それ以外の道のりは高速道路で，平均で時速 75 km になるように運転しました。その結果，信号で止まった回数は 2 回だけでした。今回の移動は前回と比べて何分早く到着したか答えなさい。

ただし，渋滞した場所はないものとし，まみさんの家からおばあちゃんの家までの距離《きょり》は う kmと同じとします。

2023(R5) 久留米信愛中
教英出版

3	(1)	cm^2	(2)	度
	(3)	cm^3		

※

4	(1)	あ	分	い	分
		う	km		
	(2)	時速　km			
	(3)	分			

※

受験番号

※　※100点満点

得点	

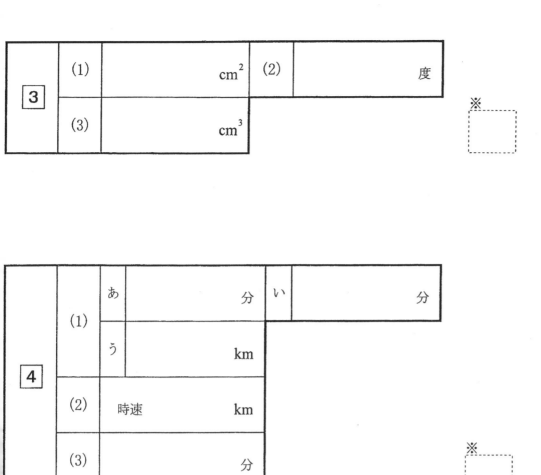

中

令和５年度中学校入学試験問題

【Ａ日程】

理　　　科

（30分）

注意

1　監督者《かんとくしゃ》の開始の合図があるまで，この問題冊子を開かないでください。

2　問題は，２ページから８ページまであります。

3　解答は，すべて解答用紙の所定の欄《らん》に記入してください。

4　解答用紙の※印の欄には，何も記入しないでください。

5　監督者の終了《しゅうりょう》の合図で筆記用具を置き，解答面を下に向け，広げて机の上に置いてください。

6　解答用紙だけを提出《ていしゅつ》し，問題冊子は持ち帰ってください。

久留米信愛中学校

1　信太さんのクラスでものの燃え方の実験を行いました。**図１**のようにびんの中に石灰水とろうそくを入れ，ろうそくに火をつけて燃やしたところ，びんの内側がくもりました。次に，ふたをしてびんをふると石灰水が白くにごりました。**図２**はろうそくの炎《ほのお》を表したものです。

（１６点）

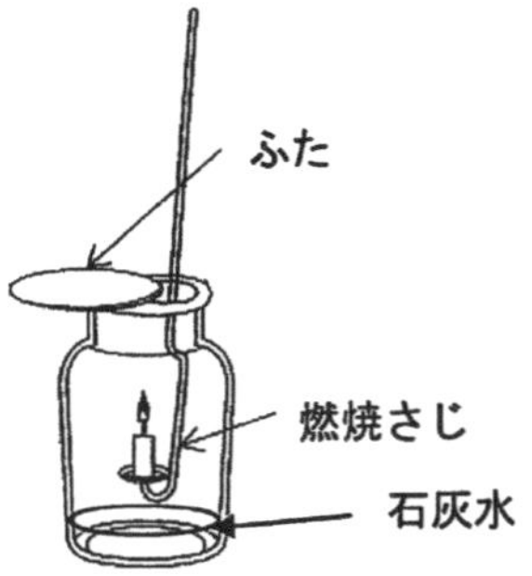

図１

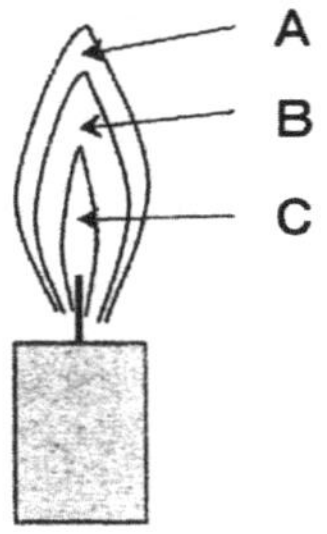

図２

問１　**図２**の中で，温度が最も高いところと，明るさが最も明るいところを**A**～**C**から１つずつ選び，それぞれ記号で答えなさい。

問２　ろうそくを燃やすとびんの内側がくもったことから，ろうそくには何がふくまれていることがわかりますか。次の**ア**～**エ**から１つ選び，記号で答えなさい。

ア　ちっ素　　**イ**　水素　　**ウ**　塩素　　**エ**　炭素

問３　次の文は，石灰水が白くにごったことからわかることについて説明したものです。（　　）にあてはまる気体の名前を答えなさい。

「ろうそくが燃えることで，（　　）がびんの中でふえたため。」

次に，**図3**のような装置を組み立て，試験管の中に木（わりばし）を入れて，空気が試験管の中に入らないようにして加熱しました。加熱すると，ガラス管から白い煙《けむり》がでてきました。また，試験管の口に液体がたまりました。

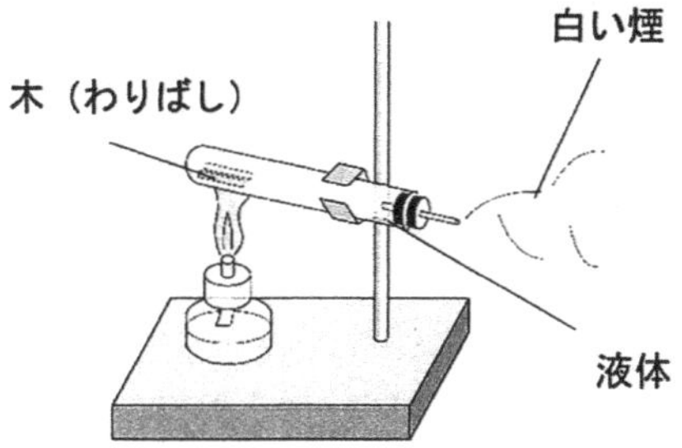

図3

問4　出てきた白い煙にマッチの火を近づけるとどうなりますか。次の**ア**～**ウ**から１つ選び，記号で答えなさい。

ア　マッチの火が消える。　　**イ**　マッチの火が激しく燃える。　　**ウ**　煙が燃える。

問5　加熱を終えると，試験管に入れていた木は何色になりますか。また，加熱前に比べて加熱後の木の重さはどうなりますか。簡単に答えなさい。

問6　試験管の口にたまった液体を集めて，この物質の性質を調べたところ，青色のリトマス紙が赤色に変わり，赤色のリトマス紙は変化しませんでした。このことから，液体は何性であるとわかりますか。

問7　燃やすと石灰水を白くにごらせる気体を出すものを下の**ア**～**オ**からすべて選び，記号で答えなさい。また，そのような特ちょうをもつものの名前を何といいますか。

ア　紙　　**イ**　プラスチック　　**ウ**　水素　　**エ**　マグネシウム　　**オ**　スチールウール

2　手回し発電機を使って，コンデンサーにたくわえられる電気の量のちがいについて調べるため，次のような実験を考えました。　（１２点）

【めあて】　コンデンサーにたくわえられる電気の量について調べる。

【手　順】　1　コンデンサーに手回し発電機をつなぐ。

2　手回し発電機のハンドルを回して，コンデンサーに電気をたくわえる。

3　コンデンサーを手回し発電機から取り外す。

4　手順３で取り外したコンデンサーに，豆電球をつなぐ。

次は，この実験方法を見た児童Ａ，Ｂと先生の会話文です。

先　生「コンデンサーにたくわえられる電気の量は，手回し発電機の何によって変化すると予想していますか？」

児童Ａ「手順２でハンドルを回す速さで変化すると考えています。今回の実験では１秒あたりの回転数が１回のときと２回のときで比べたいと思います。実験の条件をそろえるため，実験中は同じ発電機を使い，ハンドルを回す（　①　）はそろえて実験します。」

先　生「この実験で，たくわえられた電気の量を，どのように調べるのですか？」

児童Ｂ「手順４でつないだ豆電球の明るさと光っている時間で調べます。」

先　生「実験中，ハンドルを回す手ごたえにも注意してみてください。何か気づくことがあるかもしれませんよ。」

問１　会話文中の（　①　）にあてはまるものを，次の**ア**～**ウ**から１つ選び，記号で答えなさい。

ア　速さ　　**イ**　時間　　**ウ**　回数

次の会話文は，実験中の様子です。

児童Ａ「まず，１秒間に１回転で実験しよう。それじゃあ，はじめ！」

児童Ｂ「あ，ハンドルを回す手ごたえが変わってきたよ。」

先　生「電気をたくわえ始めたときは，手回し発電機からコンデンサーに大きな電気が流れこみますが，電気がたまるにつれて，流れこむ電気が小さくなるため，ハンドルの手ごたえは（　②　）なるのです。」

児童Ａ「はい，ストップ。すぐにコンデンサーを取り外して豆電球につなぎ変えよう。」

児童Ｂ「よし，豆電球が点いたぞ。だんだん暗くなって……はい，消えた。」

児童Ａ「じゃあ次はハンドルを１秒間に２回転で実験するよ。」

先　生「その前に，コンデンサーに電気が残っていないことを確認してください。」

児童Ｂ「はい！　……よし，確認できました。それでは実験再開だね。」

中

令和５年度中学校入学試験解答用紙

【Ａ日程】

社　　　会

・　この用紙の内側に解答欄《かいとうらん》があります。

・　監督者《かんとくしゃ》の指示があったら，この用紙を冊子から取りはずし，受験番号，氏名を記入してください。なお，受験番号を記入する欄は内側にもあります。

・　受験番号，氏名の記入が終わったら，この用紙を二つ折りにして，静かに開始の合図を待ってください。

受験番号		氏名	

久留米信愛中学校

R5　中学A　社会　解答用紙

1	問 1		
	問 2		

※

2	問 1	A		B			
	問 2	(1)					
		(2)		(3)			
	問 3						
	問 4	(1)	位置		首都		
		(2)	大陸				
		(3)					

※

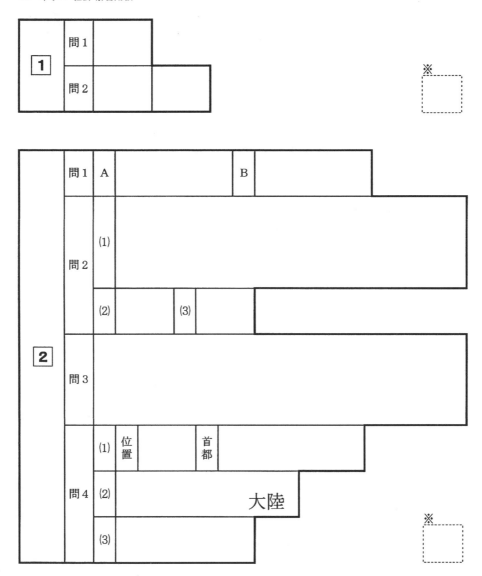

問2　会話文中の（　②　）にあてはまるものを，次の**ア**～**エ**から１つ選び，記号で答えなさい。

ア　回し始めは軽いが，次第に重く　　**イ**　回し始めは重いが，次第に軽く

ウ　回し始めは重いが，急に軽く　　**エ**　回し始めは軽いが，急に重く

下の**表**は実験の結果を示したものです。

表

ハンドルを回す速さ	１秒間に１回転	１秒間に２回転
豆電球が光っている時間	14 秒	32 秒

問3　１秒間に１回転のときと，１秒間に２回転のときの電気のたまる量について，この実験からわかることを，次の**ア**～**ウ**から１つ選び，記号で答えなさい。

ア　１秒間に１回転の方がたくさんたまる。

イ　どちらも同じ。

ウ　１秒間に２回転のほうがたくさんたまる。

問4　ハンドルを回してコンデンサーに電気をためている最中に，ハンドルから手を放すと，ハンドルはどのような動きを示しますか。次の**ア**～**ウ**から１つ選び，記号で答えなさい。

ア　回していた向きと同じ向きに回り続ける。

イ　回していた向きと逆向きに回りだす。

ウ　ハンドルから手を放すと同時に止まってしまう。

問5　豆電球の代わりに発光ダイオードを使って同じ実験を行ったところ，次のような結果となりました。

ハンドルを回す速さ	１秒間に１回転	１秒間に２回転
発光ダイオードが光っている時間	約１時間	約１時間 30 分

このことから，発光ダイオードを家庭用の照明として利用することで，どのような効果がありますか。「電気エネルギー」という言葉を用いて，簡単に答えなさい。

3　愛子さんは，家庭菜園でいろいろな生き物を観察し，メモをしました。下の□はそのメモの一部です。　（１２点）

> **【メモ】**
> ・　アリやクモは毎回よく見かける。
> ・　アリマキ（アブラムシ）は集団でいる。
> ・　アリはアリマキにつきまとい，よくアリマキの腹の先に口をつけている。
> ・　いろいろなテントウムシがいる。テントウムシには次の２つのタイプがある。
> テントウムシA　常に動き回り，アリマキを食べる。羽はつるつるしている。
> テントウムシB　動きはにぶく，葉にぴったりとくっついているように見える。動いた後の葉は網《あみ》目《め》のようになっている。羽は短い毛のようなものでおおわれ，つやがない。
> ・　アリがテントウムシを追い払《はら》うのを時々見かける。
> ・　花に，チョウやミツバチがよく飛んで来る。

問１　メモに書かれた生き物を体のつくりでなかま分けするとき，１つだけ別のグループに分けられる生き物があります。その生き物をメモの中から抜《ぬ》き出して答えなさい。

問２　メモに書かれた生き物の中で，問１の生き物以外のグループを何といいますか。

問３　メモに書かれた生き物を，その生き物が食べるものにより３つになかま分けしました。アリは植物も動物も食べるグループとしました。アリ以外の生き物を正しくなかま分けしたものを次の**ア**～**エ**から１つ選び，記号で答えなさい。

ア（クモ，アリマキ，チョウ，ミツバチ）（テントウムシA，テントウムシB）
イ（クモ，アリマキ，テントウムシA，ミツバチ）（テントウムシB，チョウ）
ウ（クモ，チョウ，ミツバチ）（アリマキ，テントウムシA，テントウムシB）
エ（クモ，テントウムシA）（アリマキ，テントウムシB，チョウ，ミツバチ）

問４　アリがテントウムシを追い払う理由として正しいものを次の**ア**～**エ**から１つ選び，記号で答えなさい。

ア　アリは，テントウムジが出す黄色いしるのにおいをきらうため。
イ　アリはアリマキを食べるので，自分の食べ物を取られないようにするため。
ウ　アリはアリマキから食べ物をもらっているので，アリマキを守るため。
エ　アリは花に来るチョウを食べるので，テントウムシの目立つ色でチョウが来なくなるのをふせぐため。

問５　テントウムシのＡ，Ｂのうち一方は，人にとって「害虫」と言われています。その理由を次の**ア**～**エ**から１つ選び，記号で答えなさい。

ア　人がきらう黄色いしるを出すから。

イ　野菜が育つのに必要なアリマキを食べてしまうから。

ウ　人が育てている野菜に，アリやクモなどを引き寄せるから。

エ　人が育てている野菜の葉を食べて収《しゅう》穫《かく》量《りょう》を減らすから。

問６　次の文は，チョウやミツバチが花に飛んで来られないようにしておくことでおこることを説明したものです。文中の（　①　），（　②　）にあてはまる言葉をそれぞれ答えなさい。

「チョウやミツバチが植物の（　①　）を運ぶことができないため，（　②　）させることができなくなり，植物に実ができなくなる。」

4　久留米市に住む信子さんの家の屋根には，光が当たると発電するソーラーパネルが取り付けてあります。ほかの家でも，図のように決まった方角の屋根にパネルが取り付けられていることに気づきました。信子さんは，決まった方角の，ななめになった屋根にソーラーパネルが取り付けられていることに意味があるのではと思い，ソーラーパネルの代わりに黒くぬったアクリル板を用いて観測をすることにしました。　（１０点）

【観測】　３つのアクリル板を，それぞれ地面からの角度を20°，50°，80°と変えて，正午に，太陽がある方角に向けて置き，２時間後の表面温度を調べた。これを，ちがう季節に３回観測した。

【結果】

パネル	A	B	C
観測日１	40℃	60℃	50℃
観測日２	10℃	9℃	15℃
観測日３	20℃	20℃	20℃

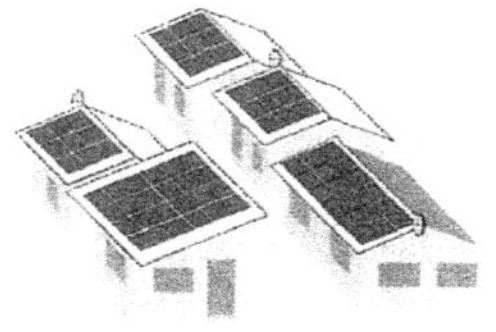

図

問１　屋根に取り付けられたソーラーパネルの面が向いているのはどの方角ですか。４方位で答えなさい。

問２　信子さんが観測を行った季節として正しいものを，次の**ア**～**カ**から１つ選び，記号で答えなさい。

	ア	**イ**	**ウ**	**エ**	**オ**	**カ**
観測日１	春	春	夏	夏	冬	冬
観測日２	夏	冬	春	冬	春	夏
観測日３	冬	夏	冬	春	夏	春

問３　３回の観測日のうち，観測に不適切な日があります。それはどの観測日ですか。解答欄に合うように，**１**～**３**から１つ選び，番号で答えなさい。また，選んだ理由を簡単に答えなさい。

問４　パネル**A**～**C**の角度として正しいものを，次の**ア**～**カ**から１つ選び，記号で答えなさい。

	ア	**イ**	**ウ**	**エ**	**オ**	**カ**
パネル**A**	20°	20°	50°	50°	80°	80°
パネル**B**	50°	80°	20°	80°	20°	50°
パネル**C**	80°	50°	80°	20°	50°	20°

3	問1		問2	
	問3		問4	
	問5			
	問6	①	②	

※

4	問1		問2	
	問3	**観測日**		
		理由		
	問4			

※

受験番号

※　※50点満点

得点	

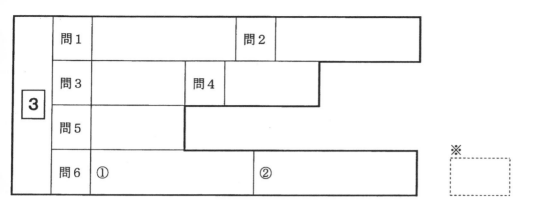

2023(R5) 久留米信愛中
K 教英出版

中

令和５年度中学校入学試験問題
【Ａ日程】
社　　　　　会

（30分）

注意

1　監督者《かんとくしゃ》の開始の合図があるまで，この問題冊子を開かないでください。

2　問題は，２ページから７ページまであります。

3　解答は，すべて解答用紙の所定の欄《らん》に記入してください。

4　解答用紙の※印の欄には，何も記入しないでください。

5　監督者の終了《しゅうりょう》の合図で筆記用具を置き，解答面を下に向け，広げて机の上に置いてください。

6　解答用紙だけを提出《ていしゅつ》し，問題冊子は持ち帰ってください。

久留米信愛中学校

1

次の新潟県上越《じょうえつ》市の２万５千分の１の地形図を見て，あとの問いに答えなさい。（４点）

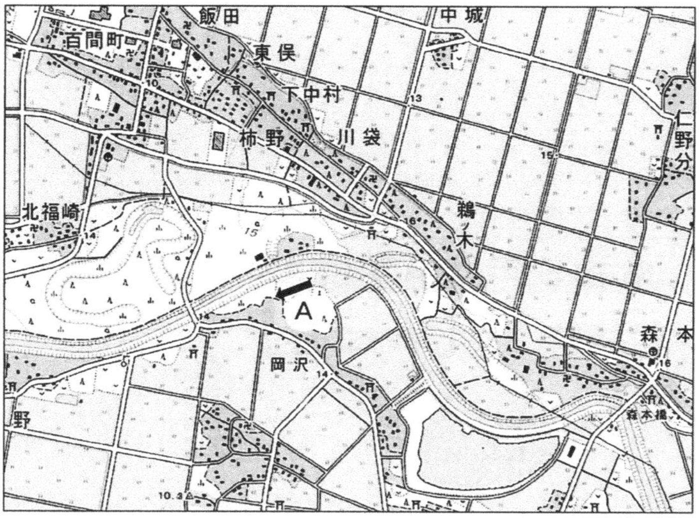

問１　地形図でみられない地図記号を，次の**ア**～**エ**から１つ選びなさい。

ア　寺　　**イ**　郵便局　　**ウ**　小学校　　**エ**　神社

問２　地形図から読み取れることとして正しいものを，次の**ア**～**オ**から２つ選びなさい。

ア　中央にみられる川は，Ａの方向へ流れている。

イ　北福崎《きたふくざき》には，神社がある。

ウ　川袋《かわぶくろ》の南部には，針葉樹林がみられる。

エ　水が豊富に得られるため，川沿いの耕地は，すべて水田として利用されている。

オ　川を渡《わた》るには，必ず森本《もりもと》橋を通過する必要がある。

2

信太さんは，「世界一と日本一を知ろう」というテーマで調べ学習を行いました。**信太さんのまとめとヨーロッパの地図**をみて，あとの問いに答えなさい。（１２点）

信太さんのまとめの一部

テーマ　世界一と日本一を知ろう
～地形をながめて～

★山の標高
世界：エベレスト［アジア］（8848m）
日本：富士山［山梨県・①静岡県］（3776m ）

★②河川の長さ
世界：ナイル川［アフリカ］（6695km）
日本：（　Ａ　）川［中部地方］（367km）

★湖の面積
世界：カスピ海［アジア・③ヨーロッパ］（374000km²）
日本：琵琶湖《びわこ》［（　Ｂ　）県］（669 km²）

⋮

ヨーロッパの地図

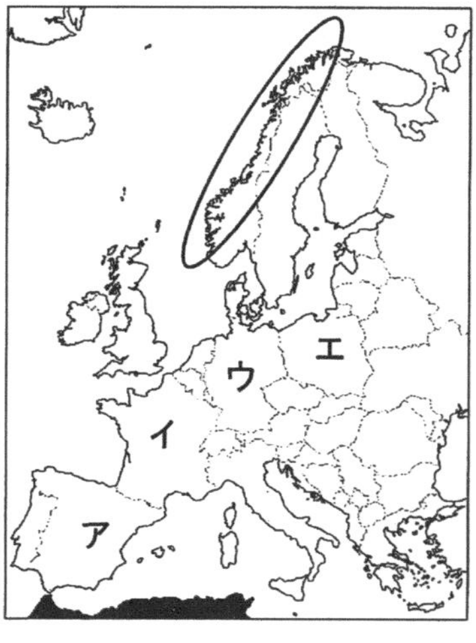

問１　（　Ａ　）・（　Ｂ　）にあてはまることばをそれぞれ答えなさい。

問２　下線部①について，次の問いに答えなさい。

図

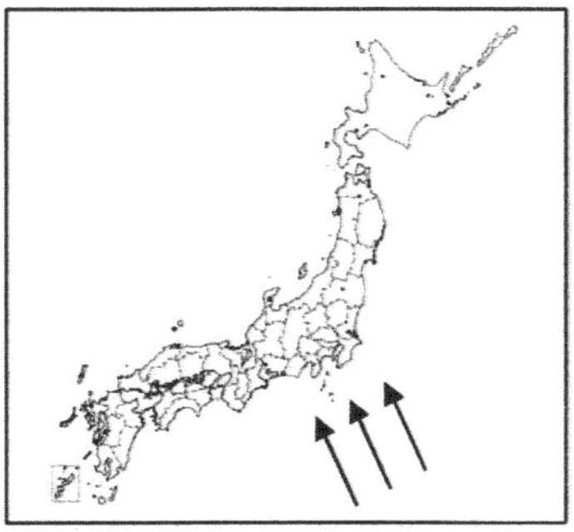

⑴　静岡県が属する太平洋側の気候は，夏に降水量が多いという特徴《とくちょう》があります。その理由を，右の**図**を参考にして簡単に説明しなさい。

⑵　静岡県には，全国でも有数の水揚《みずあ》げ量を誇《ほこ》る漁港があります。都道府県と漁港名の組み合わせとしてまちがっているものを，次の**ア**～**エ**から１つ選びなさい。

ア　青森県 ― 石巻《いしのまき》　　**イ**　長崎県 ― 松浦《まつうら》

ウ　千葉県 ― 銚子《ちょうし》　　**エ**　北海道 ― 釧路《くしろ》

⑶　静岡県の工業の特徴《とくちょう》として正しいものを，次の**ア**～**エ**から１つ選びなさい。

ア　木材加工技術を生かしたピアノを中心とした楽器の生産や，豊かな水や広い土地を利用した製紙・パルプ工業が発達している。

イ　日本最大の工業地帯に属しており，内陸部では，第二次世界大戦後に自動車工業が大きく発展した。臨海部では，製鉄所や石油化学コンビナートなどの工場が多数みられる。

ウ　地層に豊富な石炭が含《ふく》まれていたため，多くの炭田で石炭が採掘《さいくつ》された。１９０１年に官営の八幡《やはた》製鉄所が造られ，鉄鋼業を中心に工業化が進んだ。

エ　古くから製塩業や造船業，綿織物工業などが盛んであり，第二次世界大戦後は，塩田の跡地《あとち》や遠浅の海岸を埋《う》め立てた広大な土地に，他の工業地帯から工場の移転が進んだ。

問３　下線部②について，日本では，河川沿いには「堤防《ていぼう》」がよく見られます。堤防をつくる目的を簡単に説明しなさい。

問４　下線部③について，**ヨーロッパの地図**を見て，次の問いに答えなさい。

⑴　久留米信愛中学校の設立母体である「ショファイユの幼きイエズス修道会」の総本部は，フランスにあります。フランスの位置を，**ア**～**エ**から１つ選びなさい。また，フランスの首都を答えなさい。

⑵　地図中の黒くぬられている大陸名を答えなさい。

⑶　で表した地域でみられる地形を何といいますか。次の**説明文**と**写真**を参考に答えなさい。

説明文

氷河によって削《けず》られた谷に，海水が深く入り込むことにより形成されています。この地形は，主にノルウェーやニュージーランド，チリなどで見ることができます。

写真

3 次の年表を見て，あとの問いに答えなさい。（２０点）

年代	できごと		
６３０年	遣唐使《けんとうし》の派遣《はけん》を開始する	・・・①	あ
７９４年	都が京都の平安京に移される	・・・②	
１４８９年	足利義政《あしかがよしまさ》が京都の東山に慈照寺《じしょうじ》銀閣を建てる	・・・③	い
１５７５年	長篠《ながしの》の戦いが起きる	・・・④	
１６４１年	長崎の（　Ａ　）で，オランダと貿易が行われる		う
１８６６年	薩長《さっちょう》同盟が結ばれる	・・・⑤	
１９１１年	（　Ｂ　）がアメリカとの間で関税自主権の回復を決める		え
１９５５年	日本で高度経済成長期が始まる	・・・⑥	

資料１

問１　年表中の（　Ａ　）にあてはまることばと，（　Ｂ　）にあてはまる**資料１**の人物名を答えなさい。

問２　①について，次の問いに答えなさい。

⑴　遣唐使を派遣した聖武《しょうむ》天皇は，一方で仏教の制度を整えるために中国の高僧《こうそう》を日本に招きました。その中で，さまざまな苦難を乗りこえて来日した中国の僧の名前を答えなさい。

⑵　この時代の説明として正しいものを，次の**ア**～**エ**から１つ選びなさい。

ア　石や砂を用いて，滝《たき》や水面を表現する石庭がつくられるようになった。
イ　天皇の持ち物や宝物が数多く残された，正倉院《しょうそういん》が建てられた。
ウ　漢字をもとに，日本独自のひらがなとかたかなが作られた。
エ　小野妹子《おののいもこ》を中国に派遣し，対等な国の交わりを結ぼうとした。

問３　②について，都がうつされたあとのできごととしてまちがっているものを，次の**ア**～**エ**から１つ選びなさい。

ア　菅原道真《すがわらのみちざね》の意見によって，遣唐使の派遣が廃止《はいし》された。
イ　藤原頼通《ふじわらのよりみち》が，宇治《うじ》に平等院鳳凰堂《びょうどういんほうおうどう》を建てた。
ウ　『日本書紀』や『風土記』などの史書が編纂《へんさん》された。
エ　当時の優雅《ゆうが》な貴族の生活やその風景は，大和絵《やまとえ》に描《えが》かれた。

問４　③について，**資料２**の写真のような建物の造りが流行しました。これを何といいますか。

資料２

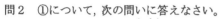

問５　④について，次の問いに答えなさい。

⑴　**資料３**は，④の戦いの様子が描かれた絵です。この絵より，この戦いで織田信長《おだのぶなが》が初めて用い，それまでの戦い方を大きく変えた新しい戦いの方法について，簡単に説明しなさい。

資料３

⑵　１５世紀後半になると戦乱が続くようになり，戦国大名と呼ばれるような権力を持った大名が出現しました。駿河《するが》の国を治め，織田信長と戦った人物として正しいものを，次の**ア**～**エ**から１つ選びなさい。

ア　武田信玄《たけだしんげん》　　**イ**　益田時貞《ますだときさだ》　　**ウ**　武田勝頼《たけだかつより》　　**エ**　今川義元《いまがわよしもと》

⑶　織田信長は対抗《たいこう》する一向宗信者の農民と各地で戦いました。この一向宗の拠点《きょてん》であった寺として正しいものを，次の**ア**～**エ**から１つ選びなさい。

ア　比叡山延暦寺《ひえいざんえんりゃくじ》　　**イ**　石山本願寺《いしやまほんがんじ》　　**ウ**　唐招提寺《とうしょうだいじ》　　**エ**　中尊寺《ちゅうそんじ》

⑷　この戦いに参加し，のちに天下を統一した豊臣秀吉《とよとみひでよし》は，検地や刀狩《かたなが》りを行いました。これを行った目的について，簡単に説明しなさい。

問６　⑤について説明した次の文章Ｃ・Ｄが正しい場合は○，まちがっている場合は×とあらわしたとき，それぞれの文章の○×を正しく組み合わせたものを，あとの**ア**～**エ**から１つ選びなさい。

Ｃ　会津藩《あいづはん》出身の坂本龍馬《さかもとりょうま》らの仲立ちで，薩摩藩《さつまはん》と長州藩が手を結んだ。

Ｄ　翌年の１８６７年に，朝廷《ちょうてい》から幕府へ政権が返された。

ア　Ｃ：○　Ｄ：○　　**イ**　Ｃ：○　Ｄ：×

ウ　Ｃ：×　Ｄ：○　　**エ**　Ｃ：×　Ｄ：×

問７　⑥について，これ以降の日本で起きた次の**ア**～**ウ**のできごとを，年代順に並べかえなさい。

ア　中華人民共和国《ちゅうかじんみんきょうわこく》と日中平和友好条約を結んだ。

イ　沖縄が日本に返還《へんかん》された。

ウ　第１８回オリンピック大会が東京で開催《かいさい》された。

資料４

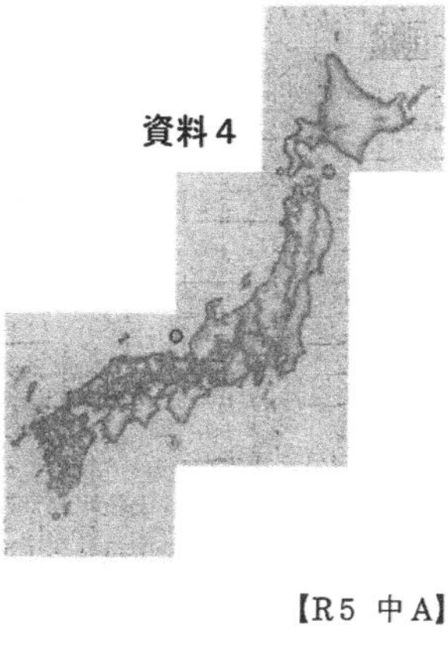

問８　右の**資料４**の日本地図が作られた時代を，年表中の**あ**～**え**から１つ選びなさい。

4　生徒２人の会話文を読んで，あとの問いに答えなさい。（１４点）

信太：　夏休みの研究レポートは，ロシアの①外交についてまとめることにしたよ。毎日のように，ロシアの（　②　）侵攻《しんこう》のニュースをみるから，ロシアってどんな国なのか調べてみることにしたよ。

愛子：　ロシアの（　②　）侵攻は，今始まったわけじゃないよね。たしか授業で習ったことがあるけど，２０１４年にクリミア半島を併合《へいごう》したのよね。

信太：　そうそう，そのことがきっかけでロシアのサミット（首脳国会議）への参加が停止されたんだ。

愛子：　サミットって？

信太：　１９７０年代にはいって，（　③　）などの問題に直面した先進国が，世界全体にかかわる問題を話し合うために始めたんだ。１９７５年の第１回目は，フランス・アメリカ・イギリス・ドイツ（当時の西ドイツ）・日本・イタリアの６か国の首脳が参加したんだ。その後，④カナダが加わってＧ７と呼ばれるようになったよ。さらに今の⑤ヨーロッパ連合（当時はヨーロッパ共同体）の代表も参加するようになったんだ。ロシアは，１９９４年から参加したんだ。

愛子：　ロシアと（　②　）のことは，その２つの国だけの問題じゃないよね。

信太：　そうなんだ。「平和と公正をすべての人に」って，国連の持続可能な開発サミットが出した国際社会共通の目標のひとつでもあるんだ。ロシアは日本との間にも領土問題があるって知ってる？

愛子：　⑥北方領土のことね。１８７５年にロシアは日本と樺太千島交換条約を結んで，千島列島は日本の領土になったんだよね。その南に位置する北方領土も日本の領土のはずよね。

信太：　日本とロシアは，領土拡大をめぐって⑦戦争もしたんだ。

愛子：　ロシアは，第一次世界大戦に参戦したの？

信太：　参戦したけれど革命がおこって途《と》中《ちゅう》離《り》脱《だつ》したよ。そして１９２２年には，世界で最初の（　⑧　）主義国になったんだ。ソ連成立時の４つの共和国のうちの１つが（　②　）なんだ。

愛子：　第二次世界大戦で敵対したあと，日本とソ連の外交はどうなったの？

信太：　⑨１９５６年に日本とソ連は国交を回復するんだ。

愛子：　１９９１年に⑩ソ連が解体したあとは，日本とロシアとの関係はどうなの？

信太：　ロシアの（　②　）侵攻までは悪くなかったんだけどね。

問１　下線部①について，日本の外交にかかわる説明としてまちがっているものを，次の**ア**～**エ**から１つ選びなさい。

ア　天皇が，外国からの大使や公使をもてなす。
イ　裁判所が，天皇の外国への訪問を承認する。
ウ　内閣総理大臣が，外務大臣を任命する。
エ　国会が，外国と結んだ条約を承認する。

問２　（　②　）にあてはまる国名を答えなさい。

問３　（　③　）にあてはまるものを，次の**ア～エ**から１つ選びなさい。

ア　イラク戦争　　**イ**　ベトナム戦争　　**ウ**　リーマンショック　　**エ**　オイルショック

問４　下線部④について，カナダの位置を地図中**ア～オ**から１つ選びなさい。

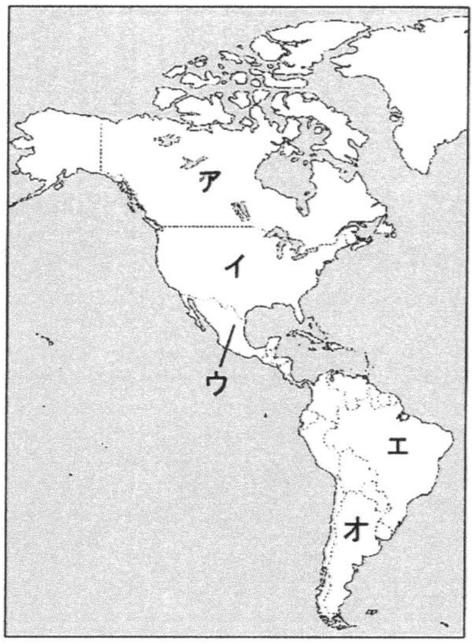

問５　下線部⑤について，２０２０年にヨーロッパ連合を離脱した国を，次の**ア～エ**から１つ選びなさい。

ア　イタリア　　**イ**　フランス

ウ　イギリス　　**エ**　ドイツ

問６　下線部⑥について，北方領土にあてはまるものを，次の**ア～エ**から１つ選びなさい。

ア　竹島《たけしま》　　**イ**　択捉《えとろふ》島

ウ　尖閣《せんかく》諸島　　**エ**　小笠原《おがさわら》諸島

問７　下線部⑦について，１９０４年に始まる日露《にちろ》戦争の説明としてまちがっているものを，次の**ア～カ**から２つ選びなさい。

ア　台湾《たいわん》をめぐる対立から戦争が始まった。

イ　日本はイギリスと同盟を結んでうしろだてとした。

ウ　東郷平八郎《とうごうへいはちろう》が率いる艦隊《かんたい》が日本海海戦でロシア艦隊を破った。

エ　アメリカの仲立ちでポーツマス条約を結んだ。

オ　日本はロシアから多額の賠償《ばいしょう》金を得た。

カ　日本はロシアから遼東《りょうとう》半島南部をゆずりうけた。

問８　（　⑧　）にあてはまることばを答えなさい。

問９　下線部⑨と同年に起こった日本に関するできごとを，次の**ア～エ**から１つ選びなさい。

ア　地球温暖化防止会議が京都で開かれた。

イ　国民総生産（ＧＮＰ）が世界第２位になった。

ウ　男女普通《ふつう》選挙を実現する法律がつくられた。

エ　国際連合への加盟が認められた。

問10　下線部⑩について，ソ連解体後，１２の共和国は経済協力をはかるため，独立国家共同体を結成しました。この共同体の略称《りゃくしょう》を，次の**ア～エ**から１つ選びなさい。

ア　ＩＬＯ　　**イ**　ＮＧＯ　　**ウ**　ＣＩＳ　　**エ**　ＩＯＣ

2023(R5) 久留米信愛中
教英出版

3

問1	A		B	
問2	(1)		(2)	
問3		問4		

問5	(1)			
	(2)		(3)	
	(4)			

問6		問7	→ →	問8	

※

4

問1		問2		問3		問4	
問5		問6		問7			
問8		問9		問10			

※

受験番号

※ ※50点満点

得点	

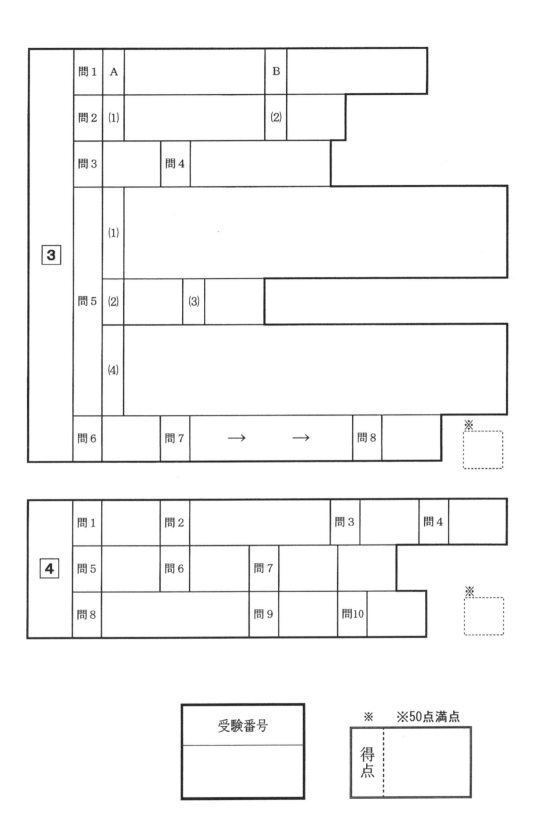

中

令和４年度中学校入学試験解答用紙

【Ａ日程】

国　　語

・　この用紙の内側に解答欄《かいとうらん》があります。

・　監督者《かんとくしゃ》の指示があったら，この用紙を冊子から取りはずし，受験番号，氏名を記入してください。なお，<u>受験番号を記入する欄は内側にもあります</u>。

・　受験番号，氏名の記入が終わったら，この用紙を二つ折りにして，静かに開始の合図を待ってください。

受験番号		氏名	

久留米信愛中学校

2022(R4) 久留米信愛中
教英出版

R4 中学校A日程 国語 解答用紙

一

①
②
③
④
⑤
⑥
⑦
⑧
⑨
⑩

二

①
②
③
④
⑤

三

問一 A B
問二
問三
問四
問五
問六 ア はじめ 終わり イ はじめ 終わり

※

受験番号

※100点満点

得点 ※

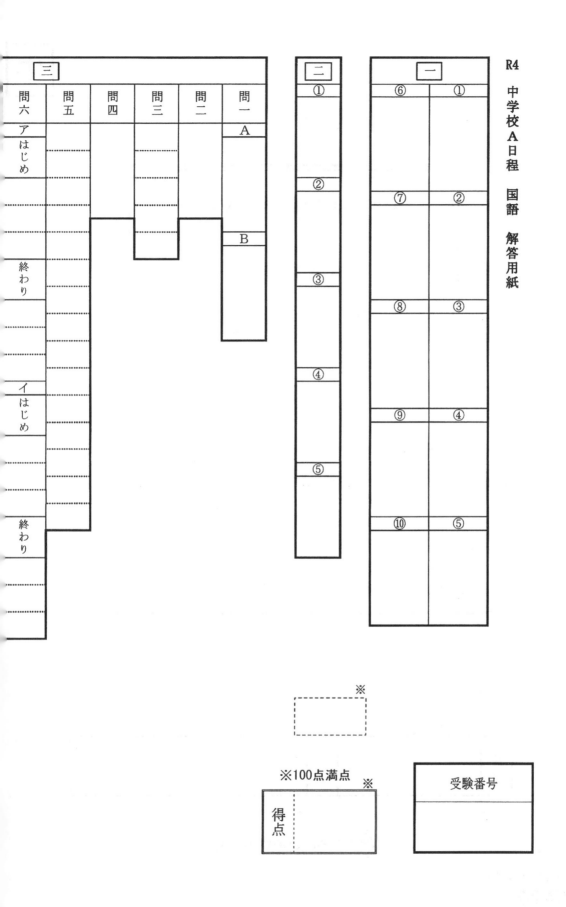

中

令和４年度中学校入学試験問題

【Ａ日程】

国　　　　語

（40分）

注意

1　監督者《かんとくしゃ》の開始の合図があるまで，この問題冊子を開かないでください。

2　問題は，２ページから７ページまであります。

3　解答は，すべて解答用紙の所定の欄《らん》に記入してください。

4　解答用紙の※印の欄には，何も記入しないでください。

5　監督者の終了《しゅうりょう》の合図で筆記用具を置き，解答面を下に向け，広げて机の上に置いてください。

6　解答用紙だけを提出《ていしゅつ》し，問題冊子は持ち帰ってください。

久留米信愛中学校

一 次の①〜⑩の——線のカタカナは漢字に改め、漢字は読みをひらがなで書きなさい。（二十点）

① バスにジョウシャする。
② 日本レットウに前線が停滞《ていたい》している。
③ 秘密をタゴンしてはならない。
④ けがをした足にホウタイをまく。
⑤ キソク正しい生活を送ろう。
⑥ ネンイりに持ち物を確認する。
⑦ 挑戦《ちょうせん》者をシリゾける。
⑧ 大会で優勝するために作戦を練る。
⑨ 人のせいにするなど問答無用だ。
⑩ 父のバイオリンは下手の横好きだ。

二 次の①〜⑤の——線は、**ア**〜**エ**のどこにかかっていますか。次の中からそれぞれ選び、記号で答えなさい。（十点）

① あじさいは、ア花の イ色が 変わるので、ウ「七変化《へんげ》」とも エいわれる。
② ユリは、大型の ア美しい イ花を ウ咲かせ、強い エ香りを 放つ。
③ 野生のキノコには、決して ア食べてはならない イものが ウあるので エ注意しよう。
④ ひまわりを ア画用紙いっぱいに イ描《えが》いた 作品が、ウ絵画展で エ入賞した。
⑤ 雨が降り続いたために、畑に アまいた スイカの イ種が ウすべて エ流れてしまった。

三 次の文章は、哲学者である田中美知太郎《みちたろう》の作品『読書と思索《しさく》』の文章を引用して述べられています。よく読んで、あとの問いに答えなさい。（四十点）

（「自分の考えを大切にしよう」『読書と思索』）

ここで語られているのは「会議」であって、「会話」ではないのではないか、と思うかもしれません。皆《みな》さんもいずれ、社会に出て会議に出ることがあると思います。そこで経験するのは、会議はしばしば「会話」のように行われる事実です。それもときには、本当に※皮相《ひそう》的な会議があり、ほとんどの場合「深まる」ということはないのです。

会議と会話が似ているように、雑談と会話も似ています。雑談と同じ意味で「雑話」という表現もあります。「対話」「会話」「雑話」という三つの「話し合い」があるわけです。

先の一節には「（　１　）ような騒ぎだけになってしまう」という一節がありました。雑談／雑話ではこうしたことはめずらしくありません。

そう書くと（　２　）に意味がないように見えるかもしれませんが、それは違います。世の人が（　２　）と呼んで、あまり顧《かえり》みない言葉の交わりはしばしば、その本質において対話になっていることがあるのです。

私たちが親しい友だちに本当に求めているのは、何気ない（　２　）のような姿をしていて、中身は対話であるような言葉のやりとりではないでしょうか。①そんな相手と話しているとき人は、とても深く安心することができます。

いっぽう、ある人数が集まった場所、いわゆる人前で話すとなかなか言葉が深まらない。むしろ、浅くなる傾向《けいこう》があります。その典型が会議ではないかと田中美知太郎はいうのです。（中略）

人が集まって何かを話すときは、その場の空気に合ったことしか話さない場合が多い。会議は、ほとんどの場合、事前に議題が決まっていて、②それにそって進行します。ですから、当然、発せられる言葉も「予定された会話」になることが多い。その場だからこそ発せられるような自然な会話は稀《まれ》です。そして、その会話が、対話へと※変貌《へんぼう》することも少ないのです。

今、自然な会話といいました。ここでいう「自然」とは、「造られた」ものではなく、「生まれてきた」ものだということです。花でいえば、造花ではなく、生花でなくてはならない。

［A］「いのち」あるもの、ということです。その場、そのときにしか生まれない言葉は、会話から対話へと変貌することがある。

造られた話、というのは文字通り「造花」のようなものです。それは、場の雰囲気《ふんいき》を作るために、世の中になくてはならないこともある。でも、どれも似たもので、枯《か》れることはありませんが、香りもしません。

いっぽうで、③対話は、生きた花、「生花」です。花といってもいろんな花がある。同じ花はありません。それは季節がめぐれば、枯れてしまいます。でも、香りがする。その香りは見えないのですが、その場を一つにするちからがある。対話の「コトバ」にはどこか香りがあるのです。

もう一点、会議では議事録が残されます。発言が記録されるのです。会議では発言されたことがすべてです。しかし、④対話は、「発話」と「沈黙《ちんもく》」の双《そう》方《ほう》が意味を持ちます。あるときは、沈黙のほうが、発話よりもちからを持つ。

ですので、対話の場合、記録を残すのは大変です。話されたことをそのまま文字に起こしてもその場の雰囲気は伝わりません。

たとえば、皆さんがクラス全体で、あることを真剣《しんけん》に討議することになったとします。そしてそれがだんだんと深まって「対話」になっていったとします。

そのときに皆さんは、人の発言だけに気を配っているだけでなく、何がいわれないのか、どんなことがいい得ないのかを感じながら、相手の言葉を受け、自分の言葉を発するのだと思います。皆さんにも、そういう経験があるかもしれませんが、大切なことほど、言葉になりにくいものだからです。

会話が対話になるためには、相手のいわないこと、いわないで感じていることを、非言語的な「コトバ」として、みんなで感じ、支え合っていかなければなりません。

私たちは言葉として表されたものを※額面《がくめん》通りに受け取ってしまいがちです。私たちが人と喧嘩《けんか》するときや、相手とうまくいかないときというのは、その人の言葉しか聞いていないときです。

その人がいえないことを聞けなくなっているとき、私たちはその人のことを一方的に責めてしまう。［B］自分が分かってもらえないと思って不満を募《つの》らせることもあるかもしれません。

ですから、対話のとき、私たちに必要なのは※饒舌《じょうぜつ》な相手ではありません。何もいわなくても分かってくれる、そう思える相手です。

よき対話の相手に出会えることは人生の幸せです。ある時間を費《つい》やして、そうした人を探しても、後悔《こうかい》することは少ないと思います。

対話の相手を探すのはとても意味深い営みです。しかし⑤私たちは、誰《だれ》かの対話の相手になることもできるのです。

（若松英輔『14歳の教室　どう読みどう生きるか』一部改変）

※　秩序 … 物事の正しい筋道。
※　皮相的 … 浅く、不十分な。
※　変貌 … すっかり変わること。
※　額面通りに … 表面上の意味のとおりに。
※　饒舌な … おしゃべりな。

問一　文中の［A］・［B］にあてはまるものを次の中からそれぞれ選び、記号で答えなさい。

ア　だから　　イ　つまり　　ウ　しかし　　エ　あるいは　　オ　たとえば

問二　文中の（　1　）にあてはまるものを次の中から一つ選び、記号で答えなさい。

ア　蜂《はち》の巣をつついた　　イ　耳を疑う　　ウ　一花さかせた　　エ　手に汗《あせ》をにぎる

問三　文中の（　2　）に共通してあてはまることばを、文中から五字でぬき出して答えなさい。（句読点なども字数にふくみます）

問四　――線①「そんな相手と話しているとき人は、とても深く安心することができます。」とありますが、その理由として最も適当なものを次の中から選び、記号で答えなさい。

ア　何もいわなくても分かってくれると思える人が相手だから。
イ　会話が気軽にできる親しい人が相手だから。
ウ　言葉で表したものをそのまま受け取る人が相手だから。
エ　その場の空気に合う話をする人が相手だから。

問五　――線②「それ」の指す内容を、文中のことばを使って十五字以内で答えなさい。

問六　――線③「対話は、生きた花、『生花』です。」とありますが、筆者は「対話」をどのようなものと考えていますか。次の文の［　］にあてはまることばを文中から指定された字数でぬき出し、はじめと終わりの三字で答えなさい。（句読点なども字数にふくみます）

［ア（十六字）］言葉でかわされ、［イ（十二字）］があるもの。

問七　――線④「対話は、『発話』と『沈黙』の双方が意味を持ちます。」とありますが、沈黙に意味があると筆者が考える理由を、文中から二十一字でぬき出し、はじめと終わりの五字で答えなさい。（句読点なども字数にふくみます）

問八　――線⑤「私たちは、誰かの対話の相手になることもできるのです。」とありますが、どうすることで「対話の相手」になることができるのですか。次の文の［　］にあてはまることばを、文中のことばを使って五十字以内で答えなさい。（句読点なども字数にふくみます）

人の発言だけに気を配るのではなく、［　　　　］こと。

R4 中学校　A日程 算数 解答用紙

1	(1)		(2)	
	(3)		(4)	
	(5)		(6)	
	(7)			
	(8)	(あ) mg	(い)	kg
	(9)	(あ) 秒	(い)	時間
	(10)	%	(11)	円
	(12)	cm	(13)	ア　　イ
	(14)	cm	(15)	cm^2

※

2	(1)	円	(2)	時間
	(3)	人	(4)	時速　km

※

中

令和４年度中学校入学試験解答用紙

【A 日程】

算　数

・　この用紙の内側に解答欄《かいとうらん》があります。
・　監督者《かんとくしゃ》の指示があったら，この用紙を冊子から取りはずし，受験番号，氏名を記入してください。なお，受験番号を記入する欄は内側にもあります。
・　受験番号，氏名の記入が終わったら，この用紙を二つ折りにして，静かに開始の合図を待ってください。

受験番号		氏名	

久留米信愛中学校

四　次の文章を読んで、あとの問いに答えなさい。（三十点）

〔生まれ育った地元からほとんど出たことがない祖父母は、働きづめで、盆《ぼん》と正月にしか休まない。そんな祖父が倒《たお》れたという知らせを受けて、「私（瑞穂《みずほ》）」は母と病院に面会に行った。〕

　すると、祖父は目を覚ましたらしい。［A］瞼《まぶた》を開き、私を認めてかすかに微笑《ほほえ》んだ。唇《くちびる》が薄《うす》く開く。何かをいおうとして震《ふる》える。

「なに？　じいちゃん、水？」

　祖父の口もとに耳を近づけると、祖父は小さい声で、でもはっきりといった。

「……キト。」

「え、ごめん、なんていったの。」

「キ、ト。」

　よく聞き取れない。困って傍《かたわ》らの祖母に助けを求めようとしたその瞬間《しゅんかん》、あ、と思った。キト。［B］記憶《きおく》のファイルが開いた。むかし、祖父の口から何度も聞いたキト、街の名前だ。

　古いファイルの中から、街の名前と、高い山と、抜《ぬ》けるような青空、甘《あま》い香りを放つ赤い花が飛び出してくる。

1「そうだ、じいちゃん、よくキトのこと話してくれたよね。」

　祖父は満足そうにうなずいた。

「キトで遊んだの、楽しかったね。」

　祖父母の家に預けられていた頃《ころ》のことだ。祖父は※夕餉《ゆうげ》の後、私を膝《ひざ》の上に抱《かか》えて、キトという街の話をしてくれた。

　その街は古代から栄えた都市で、赤道直下にあるのに、標高が高いため暑くもなく寒くもない。一年中気温が安定していて、晴れた空には富士と見紛《みまが》う美しい山がそびえている。めずらしい鳥が飛び交い、鮮《あざ》やかな花が咲き乱れ、木々には赤い大きな実がなっている。祖父はまるで見てきたかのように街の様子を話し、幼かった私は夢中で聞いた。その街の澄《す》んだ空気を胸《むね》いっぱいに吸った気がする。

　祖父母の家を離《はな》れてからも、キトは私をなぐさめてくれた。母の帰りの遅《おそ》い晩、ひとりで蒲団《ふとん》に入って①空想の街で遊んだ。その街にはちょうど私と同じ年《とし》頃《ごろ》のきれいな女の子も住んでいて、すぐに仲よくなって走りまわった。さびしいときはいつでもキトへ飛べばよかった。

　その、キトだ。いつから忘れていたんだろう。長い間、思い出すこともなかった。赤い花の影《かげ》が脳裏《のうり》に浮《う》かんでからでさえも、レンゲ草までしか遡《さかのぼ》ることができなかった。祖父は今、静かに眠《ねむ》っている間にキトで遊ぶことができているんだろうか。それは、いいことなのか、さびしいことなのか、私にはわからない。

　今夜はそばについていたいという私の申し出は母に却下《きゃっか》された。

「だいじょうぶ、すぐにどうこういうことはないって。」

　私の背を押《お》す母の目には光がない。

「それより、ばあちゃんをお願い、瑞穂がしっかりついていてあげて。」

　そのとき、祖父が何かをいった。

「なあに？　じいちゃん、どうしたの？」

「ベリカード。」

　祖父がかすれた声を出す。

「ばあちゃんに聞け。ぜんぶおまえにやる。」

　そういって祖父はまた目を閉じた。なんのことだかわからなかった。ばあちゃんに聞けといっていたけど、聞かれた祖母だって困るだろう。

　ところが家に帰ると、祖母は思いがけずあの街の名前を口にした。

「キトやと、懐《なつ》かしいのう。」
「ばあちゃん、キト、覚えてるの？」
祖母は意外なことをいった。
「覚えてるもなも、キトやろ、忘れたりせんわ。」
「キトって、むかし、じいちゃんが話してくれたお話に出てくる街だよね？」
「ほや、きれいな街やったの。エクアドルの首都やとの。」
「エクアドル？　って、南米の？」
「赤道直下ちゅうてたな。ほや、ベリカードやったの、えんと、銀の缶《かん》に入ってたはずやけど。」
祖母は黒光りする簞笥《たんす》の抽斗《ひきだし》を上から順に開けはじめた。私の中のキトがぐらりと※傾《かし》ぐ。
「キトって、じいちゃんの頭の中の街じゃなかったの。」
自分の声が聞き取れない。たしかに、キトはあった。祖父の頭の中だけでなく、私の頭や胸やきっと血液の中にもキトは入り込んでいただろう。祖母も、もしかしたら私たちふたりの会話を聞いていたかもしれない。だけどそんな話とは明らかに違う。キトはエクアドルの首都だと祖母はいったのだ。
「あったあった、これや。」
錆《さび》の浮いた銀の平べったい缶を大事そうに取り出し、祖母はそのまま私に手渡《わた》してくれた。
固い蓋《ふた》をこじ開けると、中に絵葉書大のカードが詰《つ》まっていた。端《はし》が薄茶《うすちゃ》色に染まっているものもあり、ひと目で古いものだと見て取れる。これがそのベリカードか。いちばん上の一枚を手に取り、裏を返した私はあっと声を上げそうになった。
キト。キトだ。胸の中にあったあの街にそっくりの風景がそこに写っていた。富士に似た、でもさらに鋭角《えいかく》な尾根が、青々とした空を背景に凛《りん》とそびえ、手前には澄んだ大きな湖がその姿を映している。
2「キトってほんとうにあったんだ。」
夢の中の出来事がほんとうだったと知らされたような、祖父とふたりだけでつくった架空《かくう》の街が※白日《はくじつ》の下《もと》に曝《さら》されるような、緊張《きんちょう》と※弛緩《しかん》がないまぜになってやってきた。
「ベリカードって、なに？」
そう聞く声がからからに乾《かわ》いている。思わず唾《つば》を飲み込んだ。
「ラジオ聴《き》くやろ、ほの内容を書いてラジオ局に送るんや。ちゃんと聴いてたことがわかればラジオ局がベリカードを送ってくれる。」
受信の証明書のようなものと思えばいいだろうか。青い鳥の写真が印刷されたカード、見たこともない果物《くだもの》の写ったカード、満面の笑《え》みをたたえた少女のカード、そして、赤い花のカード。
祖母が隣《となり》に腰《こし》を下ろす。
「懐かしい。これも、ああ、これもや、ぜんぶじいさんと集めた。」
アンデスの声、と日本語で記されている。キトのラジオ局の名前らしい。
「何の番組に周波数を合わせようとしてたんやったか、たまたま飛び込《こ》んできた声があっての。」
そういって②祖母は目尻《めじり》に皺《しわ》を寄せ、手元の赤い花のカードをじっとのぞき込む。
遠く離《はな》れた日本の片田舎《いなか》で、祖父のラジオがエクアドルからの電波を受信する。現地の日本人向けの放送を偶然《ぐうぜん》つかまえたのだろう。祖父と祖母はたぶん地図を開いてキトの場所を確かめた。そうして地球の反対側まで、拙《つたな》い受信報告書を送った。ベリカードが返ってきて、ふたりは心を躍《おど》らせる。幾度《いくど》も放送を聴き、幾度も報告書を書く。そうして一枚ずつベリカードが届けられる。ふたりして目を輝《かがや》かせてカードに見入ったことだろう。

そのときの様子が[C]目に浮かぶ。私を膝に乗せて話してくれたのは、たぶん祖母とふたりでじゅうぶんに楽しんだその後だったに違いない。どこにも出かけたことのなかった祖父母に豊かな旅の記憶があったことに私は驚《おどろ》き、③やがて甘い花の香りで胸の中が満たされていくのを感じていた。

（宮下奈都「アンデスの声」『遠くの声に耳を澄ませて』所収
新潮文庫刊 一部改変）

※ 夕餉 … 夕方の食事。夕食。
※ 傾ぐ … かたむく。
※ 白日の下に曝される … かくしていたものが、人に知られる。
※ 弛緩 … ゆるむこと。たるむこと。だらけること。

問一 文中の[A]～[C]にあてはまることばを次の中からそれぞれ選び、記号で答えなさい。
ア うっすらと　イ ゆるゆると　ウ するするっと　エ ありありと　オ きらきらと

問二 ━━線「ないまぜになって」の意味として最も適当なものを次の中から選び、記号で答えなさい。
ア 合わさって一つになって　イ たがいに入れかわって　ウ 少しも変わらず　エ 感じられない状態で

問三 ――線①「空想の街」について説明した部分を文中から連続する三文でぬき出し、はじめと終わりの五字で答えなさい。（句読点なども字数にふくみます）

問四 ――線②「祖母は目尻に皺を寄せ、手元の赤い花のカードをじっとのぞき込む。」とありますが、この時の祖母の気持ちを説明した次の文の、[ア]・[イ]にあてはまることばを、[ア]は文中のことばを使って十五字以内で答え、[イ]は文中から五字以内でぬき出して答えなさい。（句読点なども字数にふくみます）
[ア]ことを[イ]と思う気持ち。

問五 〰〰線1・2のキトは、「私」にとってどのようなものですか。次の中からそれぞれ選び、記号で答えなさい。
ア 同じ年頃の女の子と仲良く走りまわった思い出の街キト。　イ エクアドルの首都である、実在する現実の街キト。
ウ 祖父と私が想像して楽しんでいた架空の街キト。　エ 絵葉書に描かれた、古代に栄えた伝説の美しい街キト。

問六 ――線③「やがて甘い花の香りで胸の中が満たされていくのを感じていた。」とありますが、この部分の説明として最も適当なものを次の中から選び、記号で答えなさい。
ア 祖父母の二人だけの秘密を知ったことで、くすぐったい気持ちとなり、「私」は二人のことをうらやましく思った。
イ 「私」は祖父母が仕事に生きたことに加えて、地球の反対側までも広い交友関係を持っていたことに感動した。
ウ 「私」は祖父母に愛されて育ったことを実感し、安心しながら祖父との残された時間を大事にしようと思った。
エ 久しぶりに記憶によみがえった、祖父とのキトの思い出を、「私」は祖父母のキトの楽しい思い出と重ね合わせた。

問八

※

四

問一

A

B

C

問二

問三

はじめ

終わり

問四

ア

イ

問五

1

2

問六

※

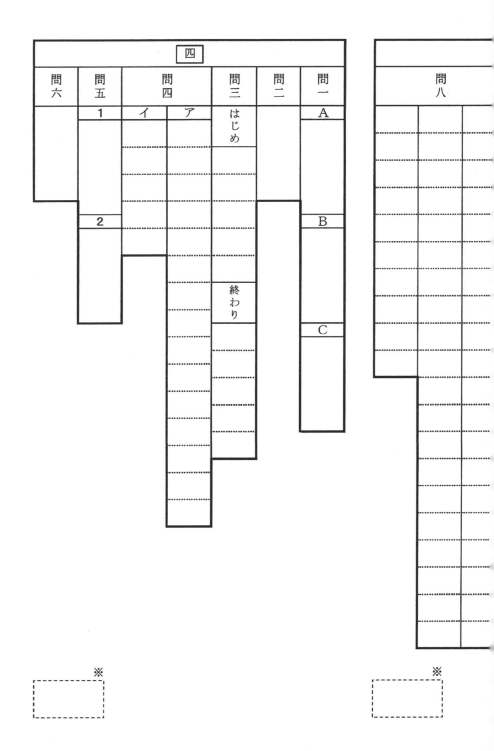

中

令和４年度中学校入学試験問題

【Ａ日程】

算　　　　数

(40分)

注意

1　監督者《かんとくしゃ》の開始の合図があるまで，この問題冊子を開かないでください。

2　問題は，２ページから１１ページまであります。

3　解答は，すべて解答用紙の所定の欄《らん》に記入してください。

4　解答用紙の※印の欄には，何も記入しないでください。

5　監督者の終了《しゅうりょう》の合図で筆記用具を置き，解答面を下に向け，広げて机の上に置いてください。

6　解答用紙だけを提出《ていしゅつ》し，問題冊子は持ち帰ってください。

久留米信愛中学校

1　次の□にもっともあてはまる数または記号を入れなさい。(45 点)

(1)　$90-25+32=\square$

(2)　$4\times18\div3=\square$

(3)　$\frac{1}{3}+\frac{2}{5}-\frac{1}{6}=\square$

(4)　$\frac{4}{9}\div0.125\times\frac{3}{16}=\square$

(5)　$(30-2\times3)\div6=\square$

(6)　$2.6\times6\times6.25-6.5\times8\times0.625=\square$

(7)　$\frac{\square}{6}$ は $\frac{10}{9}$ と $\frac{11}{9}$ の間にあります。ただし，□にあてはまる数は整数です。

(8) (あ) mg = 250 g = (い) kg

(9) (あ) 秒 = 12 分 = (い) 時間

(10) 円グラフは中心角の大きさで全体にしめる割合を表すことができます。中心角が 144°のとき，全体にしめる割合が %であることを表します。

(11) あるお店で1100円で仕入れた品物を 3 割の利益を見込んで定価をつけて販売《はんばい》しました。ところが売れなかったので，定価の 1 割引きで販売しました。この品物が売れたときの利益は 円になります。

(12) 下の図のように，1 辺の長さが 1 cm の正方形を 1 枚目とし，ある規則で正方形を並べて，長方形を作っていきます。7 枚目の正方形を並べたときにできる長方形の周の長さは cm になります。

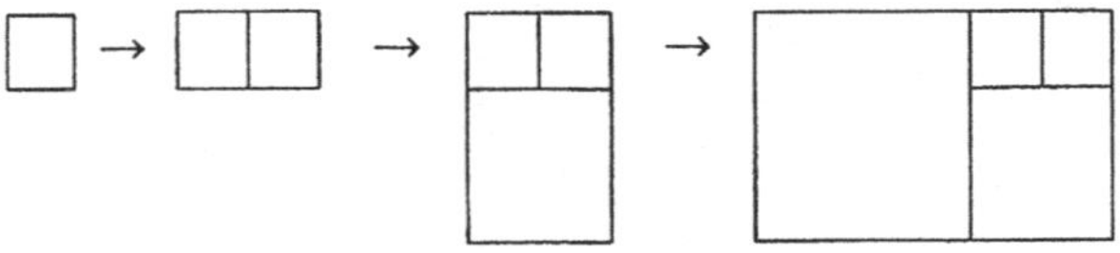

(13) 下の**例**の展開図を組み立てると側面に順序正しく「信愛中学」と読める立方体ができます。

図1の展開図を組み立てると側面に順序正しく「信愛中学」と読める立方体をつくるとき，「信」の文字は［ア］の位置にあり，［イ］の文字の向きになります。［ア］にあてはまる記号を(あ)～(お)の中から選び，［イ］にあてはまる文字の向きを(か)～(け)の中から選びなさい。

例

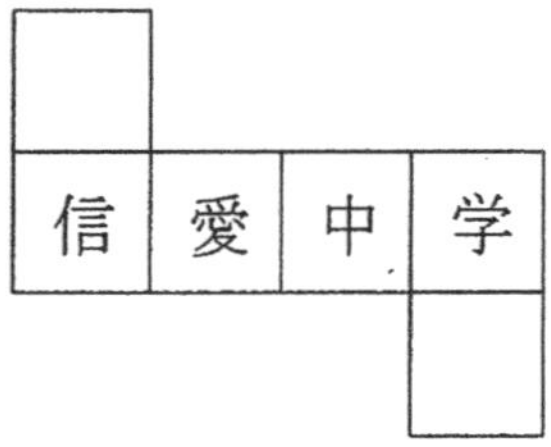

図1

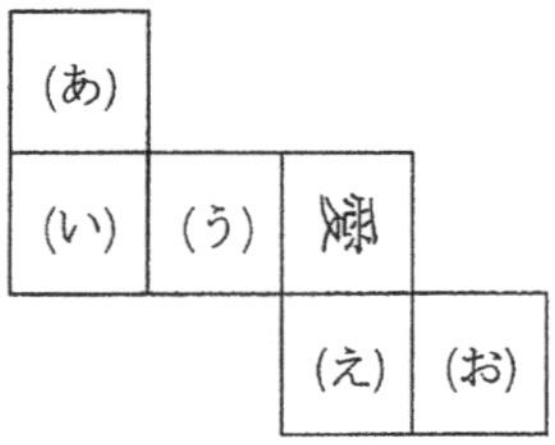

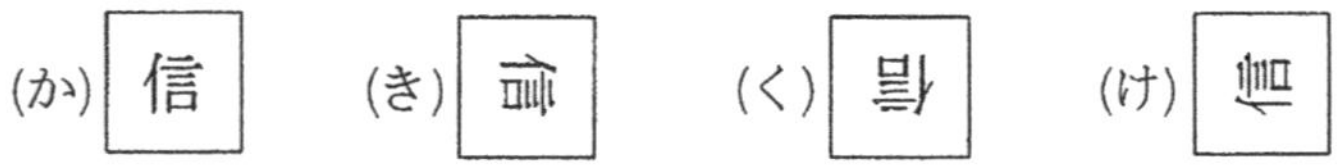

(14) 半径が12 cm，中心角120°のおうぎ形の周の長さは［　　cm］です。ただし，円周率は3.14とします。

(15) 下の図は，たてが6 cm，横が8 cm，高さが2 cmの直方体に，1辺が2 cmの立方体がのっている立体です。この立体の表面積は［　　cm^2］です。

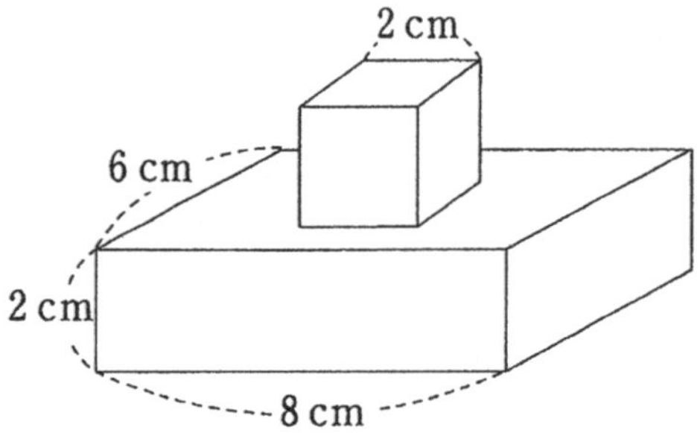

2 次の問いに答えなさい。(20点)

(1) あきらさんとゆうとさんの所持金の合計は2900円，ゆうとさんとさくらさんの所持金の合計は2300円，さくらさんとあきらさんの所持金の合計は2700円でした。さくらさんの所持金はいくらか求めなさい。

(2) ある人は，毎日同じ時間ずつ働いています。この人がある仕事をするのに，18日間働いて全体の$\frac{4}{9}$を済ませました。そして，残りの仕事をするのに，22日と3時間かかりました。このとき，この人は1日何時間働いていたか求めなさい。

中

令和４年度中学校入学試験解答用紙

【Ａ日程】

理　　　科

・　この用紙の内側に解答欄《かいとうらん》があります。

・　監督者《かんとくしゃ》の指示があったら，この用紙を冊子から取りはずし，受験番号，氏名を記入してください。なお，受験番号を記入する欄は内側にもあります。

・　受験番号，氏名の記入が終わったら，この用紙を二つ折りにして，静かに開始の合図を待ってください。

受験番号		氏名	

久留米信愛中学校

R4　中学校A日程　理科　解答用紙

1	問1	①	②	③	④
	問2	名称		記号	
	問3		問4	①	②
	問5		問6		
	問7	g			

※

2	問1		問2			
	問3	①	②	③		
	問4		問5		問6	月　日

※

(3) ある中学校の昨年度の入学者数は男女合わせて150人でした。今年度は昨年度に比べて男子が2％減り，女子が6％増えたので，全体で入学者数は1人だけ増えました。このとき，今年度の女子の入学者数は何人か求めなさい。

(4) 長さ200 m の電車が一定の速さで走っています。今，トンネルにさしかかってから完全に出るまでの時間は，電車が全部トンネルに入っている時間より24秒長かったとすると，この電車の速さは時速何 km か求めなさい。

3 次の問いに答えなさい。ただし，円周率は3.14とします。(15点)

(1) 下の図のように，大きな直方体から小さな直方体を切り抜いた立体があります。この立体の体積を求めなさい。

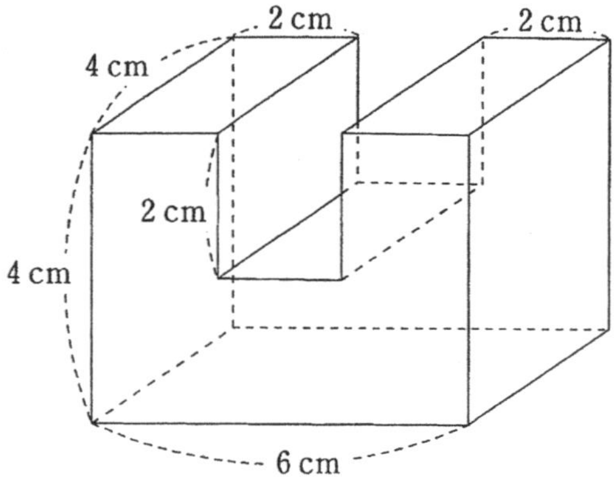

(2) 下の図のように，正三角形ABCがあります。PQを折り目として折り曲げたとき，頂点Cが点Dに重なりました。角アの大きさを求めなさい。

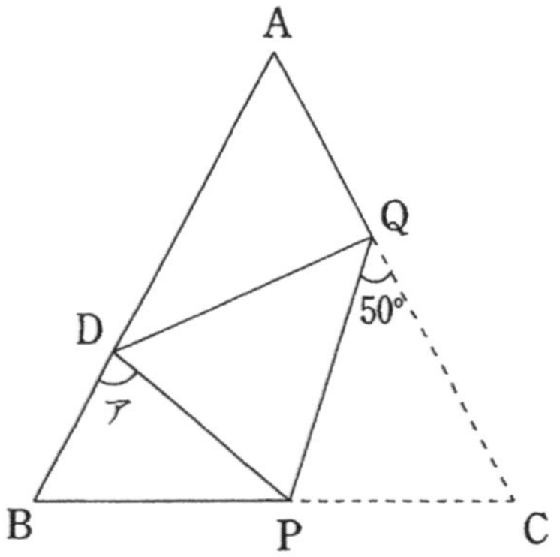

2022(R4) 久留米信愛中
K 教英出版

(3)　下の図のように，半径 12 cm の円の中に半径 6 cm の円と半径 4 cm の円がそれぞれ 2 つずつ入っています。斜線《しゃせん》部分の面積を求めなさい。

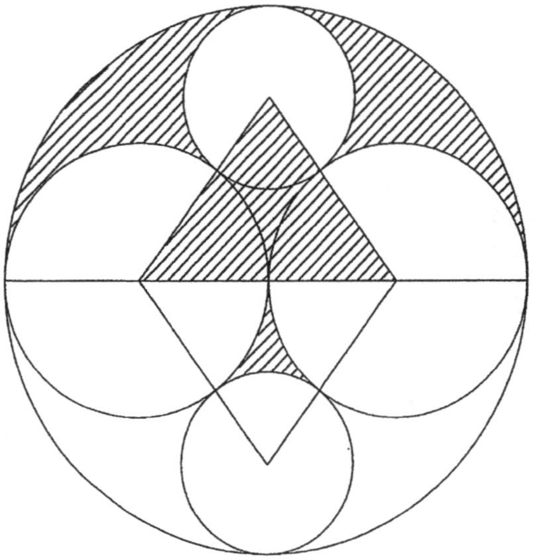

4 下の図のような，直方体の水そうがあり，中に底面積が 100 cm^2 の円柱形の石が入っています。さくらさんとしょうさんの会話文を読んであとの問いに答えなさい。(20点)

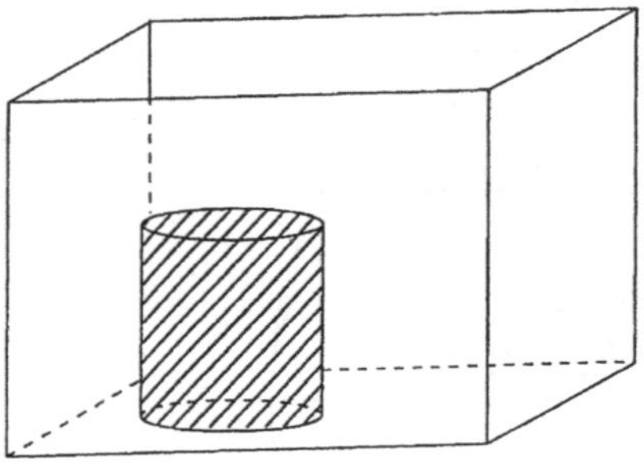

さくらさん：金魚を飼いたくて水そうと円柱形の石を準備したのだけど，水をどのくらい使うのか計算しようと思うんだ。

しょうさん：計算が好きだね。この水道の蛇口《じゃぐち》は毎分 6 dL しか水が出ないんだよ。

さくらさん：6 dL ってことは，［ あ ］L ということだから毎分［ い ］cm^3 の水が水道の蛇口から出るってことね。

(6分後　水道の蛇口を閉めて)

しょうさん：思った以上に時間がかかるね。ここに 4 L の水があるのでこの水を入れよう。

(4 L の水を入れ終わって　再び蛇口を開いて水をためました。)

さくらさん：やっと水がたまったわ。時間と水の深さの関係をグラフにしてみたので見てくれる。時間には蛇口を閉めて 4 L の水を入れた時間を含《ふく》まないようにしたよ。

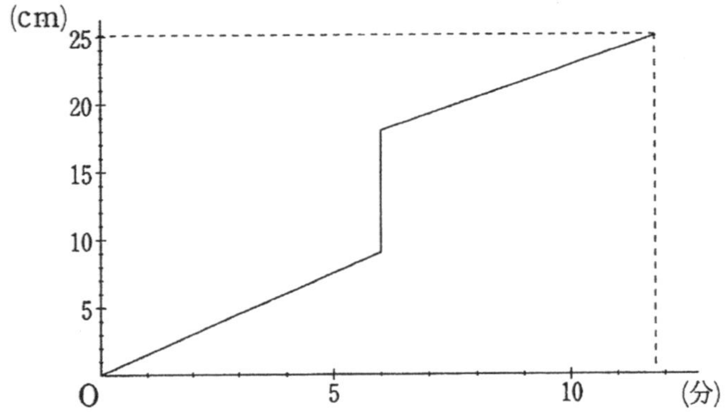

さくらさん：円柱形の石の底面積が100 cm^2 なので，6分間で9 cm 水が入ったということはこの水そうの底面積は［う］cm^2 ということになるね。

しょうさん：4 Lの水を入れたときに，深さが18 cmになったんだね。

さくらさん：石の高さを計算してくれる。

しょうさん：分かった。［え］cmだよ。

さくらさん：ところで水を止めた時間がわからないんだけど。

しょうさん：深さが25 cmのところで水は止めたよ。

(1) ［あ］～［え］にあてはまる数を答えなさい。

(2) 深さが25 cmのところで水を止めたのは，4 Lの水を入れた後再び蛇口を開いてから何分何秒後になるか答えなさい。

(3) 深さが25 cmのところで水を止めた後，円柱形の石を取り除《のぞ》くと，水そうの水面の高さは何cmになるか答えなさい。また，水そうの中には何Lの水が入っているか答えなさい。

3	(1)	cm^3	(2)	度
	(3)	cm^2		

※

4	(1)	あ	L	い	cm^3
		う	cm^2	え	cm
	(2)	分　　秒後			
	(3)	水面の高さ　cm		水の量　L	

※

受験番号

※100点満点

得点	

中

令和４年度中学校入学試験問題

【Ａ日程】

理　　　　科

（30分）

注意

1　監督者《かんとくしゃ》の開始の合図があるまで，この問題冊子を開かないでください。

2　問題は，２ページから９ページまであります。

3　解答は，すべて解答用紙の所定の欄《らん》に記入してください。

4　解答用紙の※印の欄には，何も記入しないでください。

5　監督者の終了《しゅうりょう》の合図で筆記用具を置き，解答面を下に向け，広げて机の上に置いてください。

6　解答用紙だけを提出《ていしゅつ》し，問題冊子は持ち帰ってください。

久留米信愛中学校

1　下図はヒトの血液の循環《じゅんかん》の一部を表した図で，記号A～Hは血管または心臓《しんぞう》の部《へ》屋《や》を指しています。心臓から出て肺を通り心臓にもどる血液の流れを肺循環といい，心臓から出て体の各部の組織《そしき》を通り心臓にもどる血液の流れを体循環といいます。（１５点）

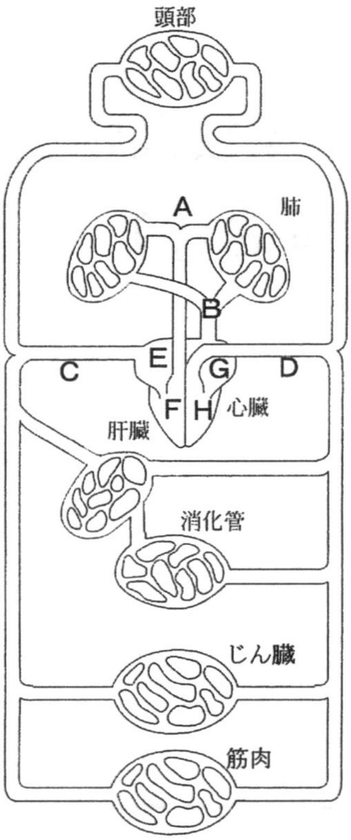

図

問１　肺循環の血液の流れを下に示しました。[①]～[④]に，図中のA～Hからそれぞれ１つずつ選び，記号で答えなさい。

心臓の[①]　→　[②]　→　肺　→　[③]　→　心臓の[④]

問２　酸素を最も多くふくんだ血液が流れる血管の名称《めいしょう》を答えなさい。また，その血管を図のA～Dから１つ選び，記号で答えなさい。

問３　心臓の部屋の数は，動物が進化するにつれて増えてきました。ヒトと同じように，４つの部屋があるつくりの心臓をもつ動物を，次のア～エから１つ選び，記号で答えなさい。

ア　ブタ　　**イ**　カメ　　**ウ**　サメ　　**エ**　カエル

問4　心臓が４つの部屋に分かれていることはどのような点で都合がよいですか。次の文の（　①　）にあてはまる語を下の**ア・イ**から，（　②　）にあてはまる語を下の**ウ・エ**からそれぞれ１つずつ選び，記号で答えなさい。

> 酸素を多くふくむ血液と酸素をあまりふくまない血液が（　①　），肺と体の各部に血液を（　②　）送り出すことができる。

ア　よくまざり　　**イ**　まざらず　　**ウ**　別々に　　**エ**　交互《こうご》に

問5　体循環では，ヒトの活動によって流れる血液の量が変化することがわかっています。このことについて正しい説明を次の**ア～エ**から１つ選び，記号で答えなさい。

ア　運動中は筋肉が多くの酸素を必要とするので，筋肉に流れこむ血液の量が増える。

イ　運動中は筋肉が多くの栄養分を必要とするので，消化管と筋肉に流れこむ血液の量が増える。

ウ　睡眠《すいみん》中は消化管がはたらかないので，消化管に流れこむ血液の量が減る。

エ　睡眠中は夢を見るので，頭部に流れこむ血液の量が増える。

問6　酸素を運ぶヘモグロビンという赤い色をした色素には，ある金属が成分としてふくまれており，体でこの成分が不足すると，貧血《ひんけつ》になることが知られています。この金属の名称を答えなさい。

問7　次のデータはある小学生Kさんのものです。このデータから，Kさんの体の各部の組織が１時間に受け取る酸素の量（g）を求めなさい。

・脈はくは１分間あたり 80 回である。

・体循環では１回のはく動で心臓から送り出される血液の量は 50mL である。

・動脈血 100mL あたり酸素が 0.03ｇとけており，そのうちの 60％を組織が受け取る。

2　理科クラブの愛子さんは，月の観察をしました。下の表は，月が真南にくる時刻を毎夜連続して測定し，記録したものです。（１４点）

観察回	月が真南にきた日付・時刻
１夜目	４月１９日　17:51
２夜目	18:43
３夜目	19:35
４夜目	20:27
５夜目	21:17
６夜目	22:08
７夜目	22:59
８夜目	23:51
９夜目	00:47
１０夜目	01:45
１１夜目	02:46
１２夜目	03:49
１３夜目	04:50
１４夜目	05:49
１５夜目	５月４日　06:44

問１　愛子さんは南側を向いて月の観察をしましたが，毎回，月はどちら側から真南に動いてきましたか。次の**ア**～**エ**から１つ選び，記号で答えなさい。

ア　向かって左の東側から　　**イ**　向かって左の西側から

ウ　向かって右の東側から　　**エ**　向かって右の西側から

問２　愛子さんは，星座の中での月の位置も観察していましたが，このことについてどのようなことがいえますか。次の**ア**～**エ**から１つ選び，記号で答えなさい。

ア　星座の中を毎日少しずつ西から東へ移動していく。

イ　星座の中を毎日少しずつ東から西へ移動していく。

ウ　星座の中を数日間少しずつ東に移動したあと，数日間少しずつ西に移動する。

エ　星座の中できまった位置にあり，星座とともに動く。

【R4 中A】
2022(R4) 久留米信愛中
教英出版

問３　愛子さんは，真南にきたときの月の形をスケッチしていました。観察した１５回の間で形が変わっていった順にならべたとき，次の（　①　）・（　②　）・（　③　）に入る形を下の**ア**～**ウ**からそれぞれ１つずつ選び，記号で答えなさい。

（　①　）→（　②　）→（　③　）

ア（満月）　　**イ**（上弦《じょうげん》の月）　　**ウ**（下弦《かげん》の月）

問４　１夜目の月が地平線に沈《しず》む直前の見え方を次の**ア**～**オ**から１つ選び，記号で答えなさい。

ア　　**イ**　　**ウ**　　**エ**　　**オ**

問５　月が真南にくる時刻について表からいえることを次の**ア**～**エ**から１つ選び，記号で答えなさい。

ア　一定に，一日に約 50 分ずつ早くなっている。

イ　一定に，一日に約 50 分ずつ遅くなっている。

ウ　一定ではないが，一日に約 50 分～約 65 分ずつ早くなっている。

エ　一定ではないが，一日に約 50 分～約 65 分ずつ遅くなっている。

問６　愛子さんは，観察した２夜目から１４夜目まで，日付を記録しませんでした。あとで日付を確認すると，月が真南にこなかった日があることがわかりました。それは何月何日ですか。

3　次の会話文は信太さんと先生が酸素を発生させる実験を行ったときのものです。また下の表は信太さんが他の気体の発生方法や特ちょうについて調べたものをまとめたものです。（１０点）

信太「すごい。本当に気体が発生していますね。」

先生「そうですね。（　　　）にオキシドールを加えることで酸素が発生します。本当に酸素であるかを確認するにはどのようにすれば良いですか。」

信太「火のついた線香を試験管に入れてみたいと思います。」

先生「わかりました。調べてみましょう。」

信太「ところで図１のような気体の集め方はほかの種類の気体でも使えるのでしょうか。」

先生「面白い質問ですね。気体の特ちょうによってはこの集め方では難しいものもあります。酸素以外の気体について調べてみると良いでしょう。」

信太「わかりました。」

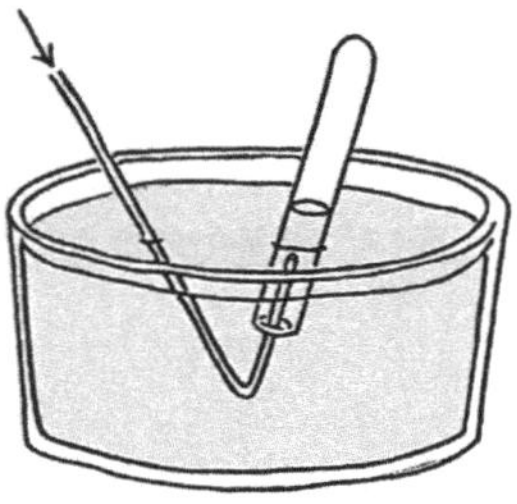

図１

信太さんは酸素以外の気体についても調べました。以下の情報は信太さんが調べた気体の特ちょうをまとめたものです。

気体の名称	発生方法	気体の特ちょう
二酸化炭素	石灰石にうすい塩酸を加える	・無色，においはない ・水に少しとける ・石灰水に通すと白くにごる
アンモニア	塩化アンモニウムと水酸化カルシウムを混ぜて，加熱する	・無色，鼻をさすにおいがある ・水にとてもとけやすい ・空気より軽い気体 ・水にとかすとアルカリ性を示す
水素	亜鉛《あえん》にうすい塩酸を加える	・無色，においはない ・水にとけにくい ・最も軽い気体 ・マッチの火を近づけると音を立てて激しく燃える

中

令和４年度中学校入学試験解答用紙

【Ａ日程】

社　　会

・　この用紙の内側に解答欄《かいとうらん》があります。
・　監督者《かんとくしゃ》の指示があったら，この用紙を冊子から取りはずし，受験番号，氏名を記入してください。なお，受験番号を記入する欄は内側にもあります。
・　受験番号，氏名の記入が終わったら，この用紙を二つ折りにして，静かに開始の合図を待ってください。

受験番号		氏名	

久留米信愛中学校

R4　中学A　社会　解答用紙

1	問1	(1)					
		(2)	農産物		都道府県		
	問2	記号		語句		問3	
	問4		問5				
	問6	(1)	工業地域				
		(2)					

※

2	問1		問2	

※

問１　会話文中の（　　　）にあてはまる物質の名称を答えなさい。

問２　会話文中の下線部の操作をおこなったとき，発生した気体が酸素であればどのような変化が見られますか。

問３　二酸化炭素は水に少ししかとけないため，図２のような装置を用いて集めることができます。丸フラスコで発生させた二酸化炭素が，十分に三角フラスコに集まったと判断できるのは，メスシリンダー内に気体が約何㎖集まったときですか。

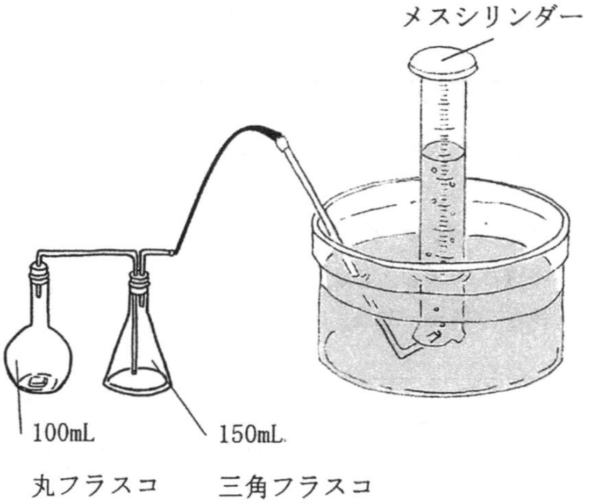

図２

問４　アンモニアの気体を試験管に集めるときにはどのような方法で集めるとよいですか。アンモニアの特ちょうを参考に「試験管」「水」という語句を使用して答えなさい。

問５　信太さんは水素の利用方法についてさらに調べてみました。すると次のような文章を見つけました。文章の（　①　）～（　③　）にあてはまる語句や物質名を，下の**ア～カ**から１つずつ選び，記号で答えなさい。

「水素は（　①　）であることから飛行船に使用されていましたが，（　②　）により事故が起こり，ヘリウムガスに代わりました。近年では，(②) をうまく利用した水素エンジンなどが注目を集めています。水素エンジンは動くときにほぼ（　③　）しか出さないため，環境にやさしい技術です。」

ア　水にとけにくい特ちょう　　**イ**　最も軽い気体　　**ウ**　激しく燃える特ちょう

エ　二酸化炭素　　**オ**　水　　**カ**　メタンガス

4　図のようなふりこを用いて，ふりこが往復するのにかかる時間について，次の実験１，実験２を通して調べました。おもりをふらせ始めてからもとの位置にもどってくるまでを１往復とします。（１１点）

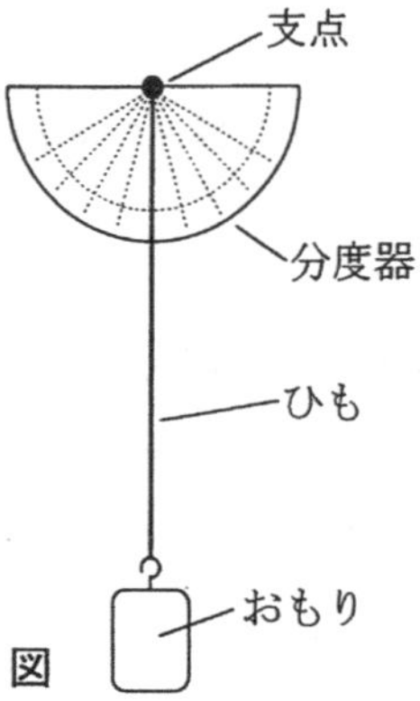

図

【実験１】
ひもの長さ 30cm，おもりの重さ 60ｇ，ふれはば 40 度でふらせて，１往復するのにかかる時間を調べる。
【結果】
１往復するのにかかる時間は，1.12 秒であった。

【実験２】
１往復するのにかかる時間が，実験１と比べたときに，何によって変わるのか，班ごとに条件を変えて調べる。

Ａ班…ふれはばを 20 度，40 度，60 度にしたとき。
Ｂ班…おもりの重さを 30ｇ，60ｇ，90ｇにしたとき。
Ｃ班…ひもの長さを 15cm，30cm，60cm にしたとき。

【結果】

Ａ班		Ｂ班		Ｃ班	
ふれはば	１往復時間	おもりの重さ	１往復時間	ひもの長さ	１往復時間
20 度	1.13 秒	30ｇ	1.13 秒	15cm	0.82 秒
40 度	1.13 秒	60ｇ	1.11 秒	30cm	1.11 秒
60 度	1.12 秒	90ｇ	1.12 秒	60cm	1.63 秒

問１　ふりこが１往復するのにかかる時間の調べ方として最も適した方法を，次の**ア**～**ウ**から１つ選び，記号で答えなさい。

ア　１往復する時間を１回だけ測る。
イ　１往復する時間を１０回測り平均する。
ウ　１０往復する間の時間を測り平均する。

問２　実験２の結果を実験１と比べるためには，Ａ班が実験するときのおもりの重さとひもの長さをそれぞれ答えなさい。

問３　実験２の結果から，ふりこが往復する時間についてまとめた次の文の（　①　）～（　③　）にあてはまる言葉を，あとの**ア**～**ウ**からそれぞれ１つずつ選び，記号で答えなさい。

１往復するのにかかる時間は，（　①　）や（　②　）に関係なく，（　③　）によって変わる。

ア　ふれはば　　**イ**　ひもの長さ　　**ウ**　おもりの重さ

問４　ふれはばを20度，おもりの重さを90ｇ，ひもの長さを30cmとしたとき，ふりこが１往復するのにかかる時間は何秒になりますか。

問５　ふりこの性質を利用して作られているものに，ふりこ時計があります。針の進みが遅れがちなふりこ時計を調節する方法として適当なものを，次の**ア**～**カ**から１つ選び，記号で答えなさい。

ア　ふれはばを大きくする。　　**イ**　ふれはばを小さくする。

ウ　おもりを重くする。　　**エ**　おもりを軽くする。

オ　ひもの長さを長くする。　　**カ**　ひもの長さを短くする。

2022(R4) 久留米信愛中
教英出版

3	問1	
	問2	
	問3	mL
	問4	
	問5	① ② ③

※

4	問1		問2	おもり　g	ひも　cm
	問3	①	②	③	
	問4	秒	問5		

※

受験番号

※　※50点満点

得点	

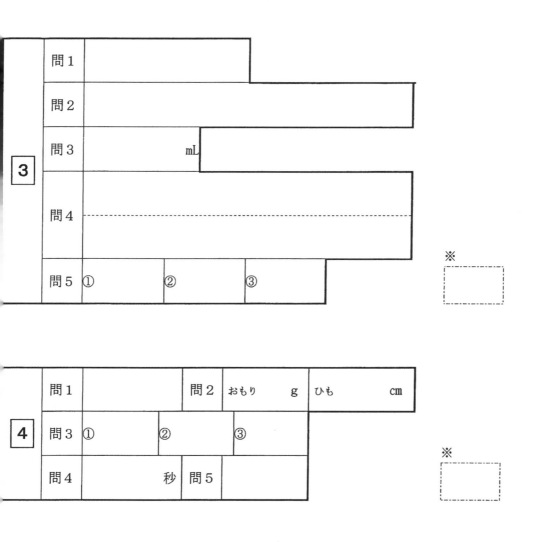

2022(R4) 久留米信愛中
K 教英出版

中

令和４年度中学校入学試験問題
【Ａ日程】
社　　　　会

（30分）

注意

1　監督者《かんとくしゃ》の開始の合図があるまで，この問題冊子を開かないでください。

2　問題は，２ページから８ページまであります。

3　解答は，すべて解答用紙の所定の欄《らん》に記入してください。

4　解答用紙の※印の欄には，何も記入しないでください。

5　監督者の終了《しゅうりょう》の合図で筆記用具を置き，解答面を下に向け，広げて机の上に置いてください。

6　解答用紙だけを提出《ていしゅつ》し，問題冊子は持ち帰ってください。

久留米信愛中学校

1　信太さんと愛子さんは，久留米の特産品である久留米絣《くるめがすり》について調べ学習を行いました。次の文は久留米絣の織元《おりもと》である佐藤さんの元へ現地調査をしている一場面です。次の３人の会話を読み，あとの問いに答えなさい。（１２点）

地図

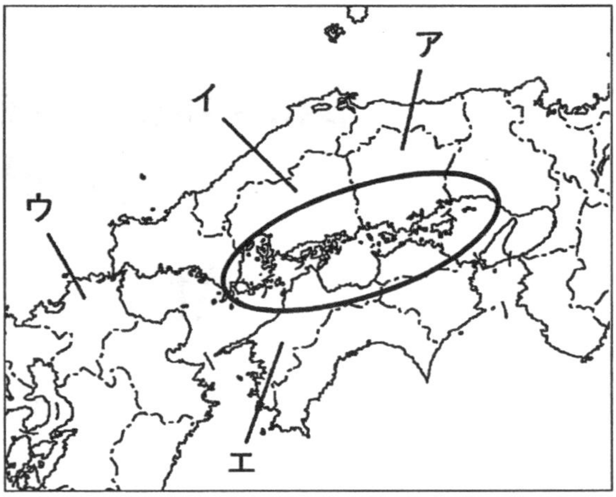

信太さん：　久留米絣の特徴《とくちょう》を教えてもらえますか？

佐藤さん：　久留米絣は，①愛媛県の伊予絣《いよかすり》，②広島県の備後絣《びんごがすり》とならぶ③日本三大絣の一つであり，複雑で高度な伝統技法から，国の重要無形文化財にも指定されている伝統的な織物です。およそ３０の工程によってできており，麻《あさ》の葉《は》や七宝《しっぽう》，市松《いちまつ》などさまざまなデザインがあります。

愛子さん：　市松といえば，昨年の東京オリンピック・パラリンピックの④エンブレムにも使われていたね。

信太さん：　そうだったね！　ところで久留米絣をはじめて作ったのはどなたですか？

佐藤さん：　江戸時代に当時１２歳だった⑤井上伝《いのうえでん》さんという方が創始しました。

愛子さん：　私たちと同じくらいの年齢で，これほど貴重《きちょう》なものを生み出されたとは驚《おどろ》きました。地元の伝統工芸品である久留米絣の魅力《みりょく》を，私たちの手でもっと広めていきたいです。

問１　下線部①について，次の問いに答えなさい。

⑴　県庁所在地を答えなさい。

⑵　右の表は，愛媛県でよく知られたある農産物の生産上位の都道府県を表しています。この農産物は何か答えなさい。また表の（　Ａ　）にあてはまる都道府県を答えなさい。

表

順位	都道府県	t（トン）
1	（　Ａ　）	155,600
2	静岡県	114,500
3	愛媛県	113,500
4	熊本県	90,400
5	長崎県	49,700

［日本国勢図会 2020/2021 より］

問２　下線部②について，次の文は広島県について述べたものです。文中㋐～㋓からまちがっているものを１つ選び，正しい語句に直しなさい。

> 人口が１２０万人を超《こ》える広島市は，国の㋐政令指定都市となっています。北部には，㋑紀伊《きい》山地《さんち》が広がっており，なだらかな斜面《しゃめん》を利用した肉牛の放牧が行われています。沿岸部では漁業が盛んで，㋒カキの養殖《ようしょく》は日本一です。また南部には㋓宮島《みやじま》があり，日本三景の一つといわれています。

問３　下線部③について，三大絣のある県としてまちがっているものを，地図の**ア**～**エ**から１つ選びなさい。

問４　下線部④について，昨年の東京パラリンピックで採用されたエンブレムとして正しいものを，次の**ア～エ**から１つ選びなさい。

ア

イ

ウ

エ

問５　下線部⑤について，井上伝と同じく日本の産業の発展に寄与《きよ》した福岡県（久留米市）出身の人物を，次の**ア～エ**から１つ選びなさい。

ア

田中久重《たなかひさしげ》

田中製造所を創業

（現・東芝《とうしば》）

イ

渋沢栄一《しぶさわえいいち》

第一国立銀行を設立

（現・みずほ銀行）

ウ

岩崎弥太郎《いわさきやたろう》

九十九商会《つくもしょうかい》を創業

（現・三菱《みつびし》）

エ

豊田喜一郎《とよだきいちろう》

トヨタ自動車を創業

問６　地図の ⬭ で表した地域について，次の問いに答えなさい。

⑴　この範囲《はんい》にある工業地域名を答えなさい。

⑵　この地域は，年間を通じて降水量が少ない地域です。その理由を簡単に答えなさい。

2 次の広島県広島市井原市駅《いばらいちえき》周辺の１万分の１の地形図を見て，あとの問いに答えなさい。(４点)

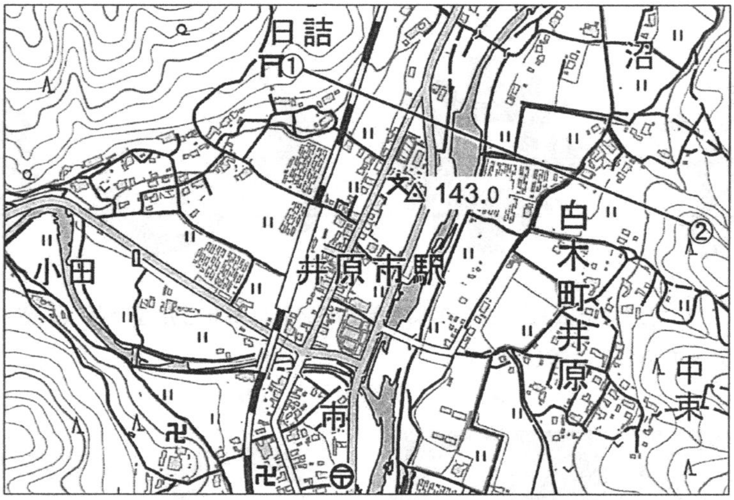

［ 国土地理院地図（電子国土 Web）より作成 ］

※　この地形図は，一部編集されています。

問１　①―②間の断面図として正しいものを，次の**ア**～**エ**から１つ選びなさい。 ただし，縦軸《たてじく》を海抜高度(m)とします。

ア

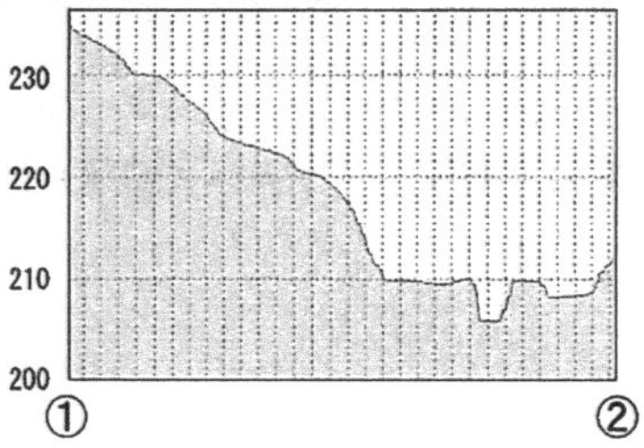

イ

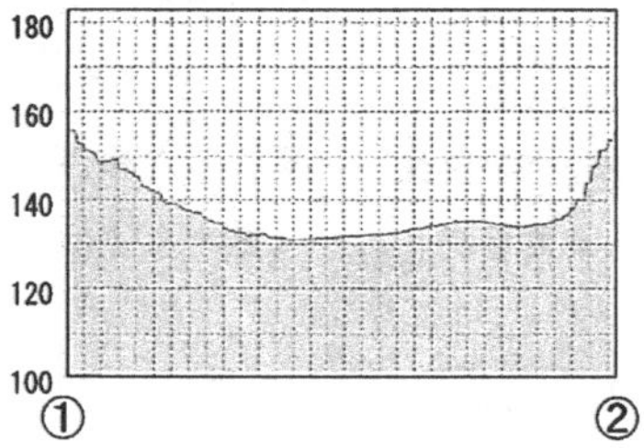

ウ

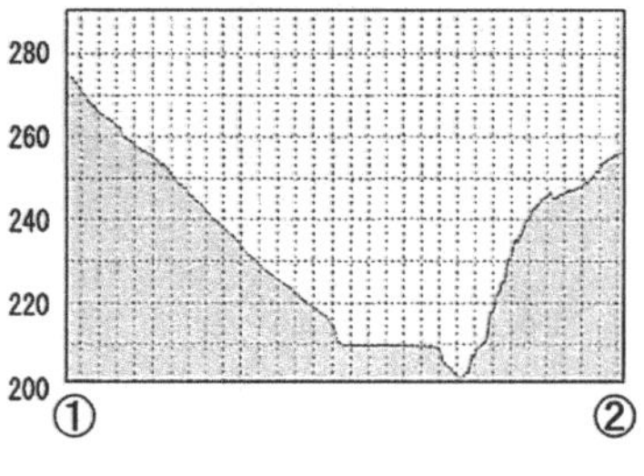

エ

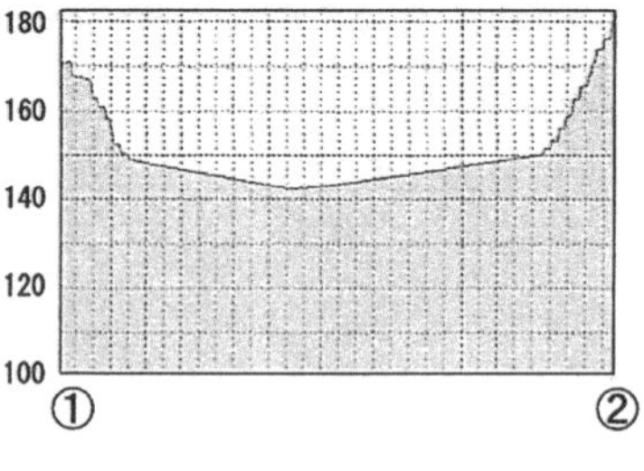

問２　地形図から読み取れることとして正しいものを，次の**ア**～**エ**から１つ選びなさい。

ア　井原市駅の北西の方角に，寺院がある。

イ　井原市駅の周辺には，畑が広がっている。

ウ　井原市駅の北東側には，高等学校がある。

エ　井原市駅の東口から出て南に進むと，郵便局がある。

3 次の表を見て，あとの問いに答えなさい。（２０点）

年代	できごと
５３８年ごろ	朝鮮《ちょうせん》半島から①仏教が伝わる。
６０７年	（　②　）が遣隋使《けんずいし》として派遣される。
７２０年ごろ	③『古事記《こじき》』『日本書紀《にほんしょき》』ができる。
１０００年ごろ	④『枕草子《まくらのそうし》』『源氏物語《げんじものがたり》』が完成する。
１５４３年	⑤鉄砲《てっぽう》が日本に伝わる。
１８７３年	⑥板垣退助《いたがきたいすけ》が明治政府をやめる。
１９６４年	⑦第１８回東京オリンピックが開催《かいさい》される。

問１　下線部①について，次の問いに答えなさい。

⑴　日本の仏教に関連する次の**ア**～**ウ**のできごとを，年代の古い順に並べかえなさい。

ア　聖武天皇《しょうむてんのう》が奈良に大きな大仏をつくる命令をだした。

イ　聖徳太子《しょうとくたいし》は法隆寺《ほうりゅうじ》をたて，仏教の教えを人々に広めようとした。

ウ　石と砂で山や水などを表す様式の庭がある龍安寺《りょうあんじ》がつくられた。

⑵　東大寺の大仏づくりに協力したり，人々のために橋や道，池や水路をつくったりした僧《そう》を，答えなさい。

問２　（　②　）にあてはまる人物を答えなさい。

問３　下線部③について，『古事記』『日本書紀』が完成した８世紀ごろのできごととしてまちがっているものを，次の**ア**～**エ**から１つ選びなさい。

ア　鑑真《がんじん》が日本の寺や僧の制度をととのえた。

イ　奈良に平城京《へいじょうきょう》がつくられた。

ウ　日本人が外国に行くことを禁止し，貿易を制限する制度が定まった。

エ　京都の平安京《へいあんきょう》に都を移した。

問４　下線部④について，A『枕草子』B『源氏物語』の作者の組み合わせとして正しいものを，次の**ア**～**エ**から１つ選びなさい。

ア　A　清少納言《せいしょうなごん》　　B　樋口一葉《ひぐちいちよう》　　**イ**　A　清少納言　　B　紫式部《むらさきしきぶ》

ウ　A　平塚《ひらつか》らいてう《（ちょう）》　　B　樋口一葉　　**エ**　A　平塚らいてう　　B　紫式部

問５　下線部④について，次の問いに答えなさい。

⑴　この時代に，資料１のような服装を貴族の女性は着ていました。この服装を何といいますか。答えなさい。

⑵　この時代では，藤原氏が大きな権力を持っていました。どのようにして権力を握《にぎ》りましたか。資料２の家系図を参考に簡単に説明しなさい。
(図の＝は夫婦関係を表します。)

資料１

資料２（藤原氏家系図）

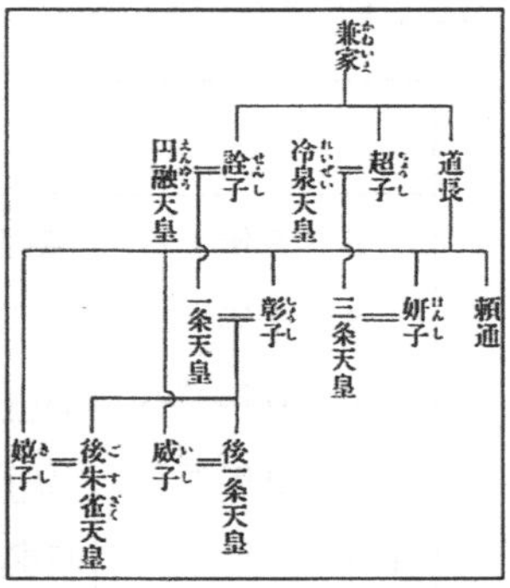

問６　下線部⑤について，次の問いに答えなさい。

⑴　鉄砲が伝えられた場所を，右の地図中**ア**～**エ**から１つ選びなさい。

⑵　１５７５年，織田《おだ》軍が鉄砲を多く用いた戦法で武田《たけだ》軍を破った戦いを，次の**ア**～**エ**から１つ選びなさい。

ア　長篠《ながしの》の戦い　　**イ**　関ヶ原《せきがはら》の戦い
ウ　壇ノ浦《だんのうら》の戦い　　**エ**　平治《へいじ》の乱

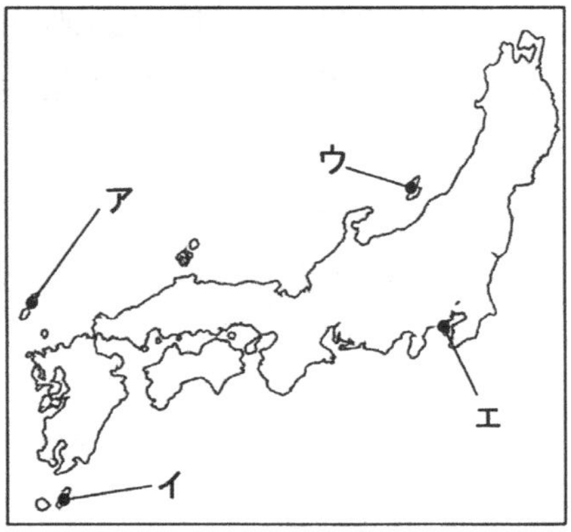

問７　下線部⑥について，次の問いに答えなさい。

⑴　板垣退助の説明文として正しいものを，次の**ア**～**エ**から１つ選びなさい。

ア　日露戦争《にちろせんそう》のとき艦隊《かんたい》を指揮《しき》し，ロシア艦隊を打ち破った。
イ　イギリスと交渉《こうしょう》をし，領事裁判権《りょうじさいばんけん》（治外法権《ちがいほうけん》）をなくすことに成功した。
ウ　勝海舟《かつかいしゅう》の弟子であり，薩摩藩《さつまはん》と長州藩《ちょうしゅうはん》の同盟を結ばせた。
エ　自由党《じゆうとう》を結成し，自由民権運動《じゆうみんけんうんどう》を指導した。

⑵　板垣退助が活躍《かつやく》した時代に，足尾銅山《あしおどうざん》の工場からでる有毒なけむりや廃水《はいすい》によって，健康被害《ひがい》が発生するようになりました。この問題を国会でうったえるなど，献身《けんしん》的な努力をした人物を答えなさい。

問８　下線部⑦について，１９６０年代以降の日本や世界のようすとしてまちがっているものを，次の**ア**～**エ**から１つ選びなさい。

ア　日本で新幹線や高速道路が整備されていった。
イ　韓国と北朝鮮に分かれ，朝鮮戦争が始まった。
ウ　日本と中華人民共和国の国交が回復した。
エ　日本万国博覧会《ばんこくはくらんかい》が大阪で開かれた。

4　次のA～Dの文を読み，あとの問いに答えなさい。（１４点）

A　わが国の①国会は，②衆議院《しゅうぎいん》と参議院《さんぎいん》からなる二院制をとっている。衆議院と参議院では，議員の任期《にんき》や定数など，③それぞれちがいがある。国会議員は，国民による選挙《せんきょ》で選ばれ，（　④－ａ　）の（　④－ｂ　）が決まれば，議員の任期が満了《まんりょう》しなくても選挙が行われる。

B　日本国憲法第９条の戦争放棄《ほうき》を徹底《てってい》するために，⑤非核三原則が決められた。

C　日本国憲法は，⑥基本的人権は，なにものにもさまたげられることがないと明記している。さらに，すべて国民は，健康で（　⑦　）的な最低限度の生活を営む権利があると定めている。これに基づいて，地域社会では，⑧高齢《こうれい》者や障がいがある人たちにとって障壁《しょうへき》となるものをとりのぞく取り組みが広がっている。

D　税金は，市町村に住む人，会社に勤《つと》めている人，商売をしている人，土地や建物を持っている人などが，国や都道府県・市町村に納める。⑨税金には様々な種類があり，納め方や使い方にもいろいろな形がある。

問１　下線部①の国会のしごととしてあてはまらないものを，次の**ア**～**エ**から１つ選びなさい。

ア　外国と結んだ条約を承認《しょうにん》する。
イ　裁判《さいばん》所の裁判官を裁判する。
ウ　内閣総理大臣を国会議員の中から選ぶ。
エ　各省の長である国務大臣を任命する。

問２　下線部②について，二院制をとっている理由を答えなさい。

問３　下線部③について，参議院の説明としてまちがっているものを，次の**ア**～**エ**から１つ選びなさい。

ア　議員数は，衆議院の議員数よりも少ない。
イ　予算の審議《しんぎ》を衆議院より先に行うことができる。
ウ　議員選挙で被《ひ》選挙権が認められる年齢は，満３０歳《さい》以上である。
エ　議員の任期は６年で，衆議院議員の任期より長い。

問４　（　④－ａ　）・（　④－ｂ　）にあてはまることばを正しく組み合わせたものを，次の**ア**～**エ**から１つ選びなさい。

ア	ａ－衆議院	ｂ－解散	**イ**	ａ－衆議院	ｂ－辞職《じしょく》
ウ	ａ－参議院	ｂ－解散	**エ**	ａ－参議院	ｂ－辞職

問５　下線部⑤の非核三原則を答えなさい。

問６　下線部⑥について，憲法で保障されている国民の権利としてまちがっているものを，次の**ア**～**エ**から１つ選びなさい。

ア　集会を開いて政府を批判《ひはん》すること

イ　不当な逮捕《たいほ》に対して，国につぐないを求めること

ウ　労働条件の改善を求めるために団結すること

エ　ふさわしくない大臣を国民審査でやめさせること

問７　（　⑦　）にあてはまるものを，次の**ア**～**エ**から１つ選びなさい。

ア　安定　　　**イ**　発展　　　**ウ**　文化　　　**エ**　社会

問８　下線部⑧を何といいますか，カタカナで答えなさい。

問９　下線部⑨についての説明としてまちがっているものを，次の**ア**～**キ**から２つ選びなさい。

ア　２０２２年現在の消費税の税率《りつ》は１０％である。

イ　正当な理由なく税金を納めなかった場合，法律で罰《ばっ》せられることがある。

ウ　小学校や中学校の教科書は，税金によって購入《こうにゅう》される。

エ　税金の使いみちは市町村では決定できず，すべて国が決める。

オ　警察《けいさつ》や消防の仕事はすべて税金でまかなわれている。

カ　ガソリンやたばこ，お酒などには消費税とは別に税金がかけられている。

キ　未成年者には税金を納める義務《ぎむ》はないので，あらゆる税金が免除《めんじょ》される。

3						
	問1	(1)	→ →	(2)		
	問2		問3		問4	
	問5	(1)				
		(2)				
	問6	(1)		(2)		
	問7	(1)		(2)		問8

※

4						
	問1		問2			
	問3		問4			
	問5		問6			
	問7		問8		問9	

※

受験番号

※50点満点

得点	

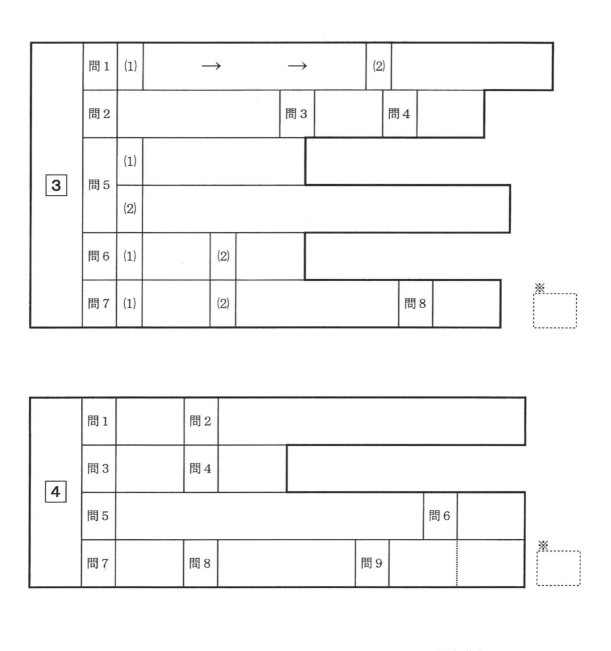

教英出版

中

令和３年度中学校入学試験解答用紙

【Ａ日程】

国　　語

・この用紙の内側に解答欄《かいとうらん》があります。
・監督者《かんとくしゃ》の指示があったら，この用紙を冊子から取りはずし，受験番号，氏名を記入してください。なお，受験番号を記入する欄は内側にもあります。
・受験番号，氏名の記入が終わったら，この用紙を二つ折りにして，静かに開始の合図を待ってください。

受験番号		氏名	

久留米信愛中学校

R3 中学校A日程 国語 解答用紙

一

①

②

③

④

⑤

⑥

⑦

⑧

⑨

⑩

二

①

②

③

④

⑤

問一

A

B

C

問二

問三

①

場合

②

受験番号

得点

※100点満点

※

※

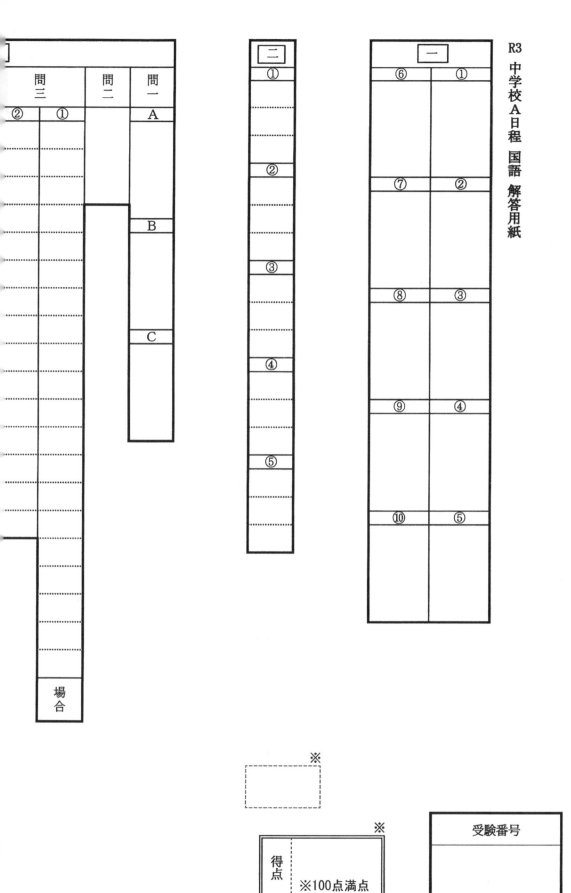

中

令和３年度中学校入学試験問題

【Ａ日程】

国　　　語

（40分）

注意

１　監督者《かんとくしゃ》の開始の合図があるまで，この問題冊子を開かないでください。

２　問題は，２ページから１０ページまであります。

３　解答は，すべて解答用紙の所定の欄《らん》に記入してください。

４　解答用紙の※印の欄には，何も記入しないでください。

５　監督者の終了《しゅうりょう》の合図で筆記用具を置き，解答面を下に向け，広げて机の上に置いてください。

６　解答用紙だけを提出《ていしゅつ》し，問題冊子は持ち帰ってください。

久留米信愛中学校

2021(R3)久留米信愛中
K 教英出版

一　次の①～⑩の――線のカタカナは漢字に改め、漢字は読みをひらがなで書きなさい。（二十点）

① 日本には春夏秋冬のシキがある。
② サカミチを全速力でかけ上った。
③ 夏休みに自由ケンキュウをする。
④ 祖父母の家の近くにテンキョする。
⑤ ケンザカイをこえて移動する。
⑥ 友達におすすめの本をカす。
⑦ 友達を誕生会にマネく。
⑧ うちには雑種の犬がいる。
⑨ お使いで八百屋に行く。
⑩ 趣味《しゅみ》で家庭菜園を始める。

二　次の①～⑤の（　）にあてはまることばを三字以内で答え、慣用句を完成させなさい。（十点）

① 六年生最後の試合は、決勝戦で敗れて（　　）をのんだ。
② 運動が得意な君がリレーでころぶなんて、「（　　）も木から落ちる」だね。
③ 彼《かれ》の投げるボールのスピードにはだれも（　　）が立たない。
④ 手品のしかけが全く分からず、（　　）につままれたような気分だ。
⑤ 私の母は（　　）が広く、さまざまな方面に知り合いがいる。

三　次の文章を読んで、あとの問いに答えなさい。（四十点）

著作権に関係する弊社の都合により
本文は省略いたします。

教英出版編集部

著作権に関係する弊社の都合により
本文は省略いたします。

教英出版編集部

著作権に関係する弊社の都合により
本文は省略いたします。

教英出版編集部

著作権に関係する弊社の都合により
本文は省略いたします。

教英出版編集部

（吉本隆明『13歳は二度あるか』一部改変）

※　類推　：　似ている点に基づいて他のことをおしはかること。
※　同人雑誌　：　文学・芸術などで、同じ主義、傾向《けいこう》を持つ人々が編集・発行する雑誌。
※　同人　：　同じ志を持つ人。仲間。
※　補塡　：　不足のものを補い埋めること。

問一　文中の A ～ C にあてはまるものを次の中からそれぞれ選び、記号で答えなさい。

ア　さらに　　イ　ところが　　ウ　たとえば　　エ　ただし　　オ　つまり

問二　――線部「不合理」とありますが、「不」に続けて成立することばとして適当なものを次の中から選び、記号で答えなさい。

ア　常識　　イ　公開　　ウ　関心　　エ　可能

問三　――線①「こういう」・②「それ」の指示語はそれぞれ何を指しますか。文中のことばを使って、①は文末が「場合」に続くように二十字以内で、②は十五字以内で答えなさい。（句読点なども字数にふくみます）

問四　文中の［Ⅰ］・［Ⅱ］にあてはまる文を次の中からそれぞれ選び、記号で答えなさい。

ア　同人雑誌を発行するのは、もうやめてしまおう。
イ　費用が払えないというなら、あいつは同人から外してしまおう。
ウ　あいつがお金を出せるようになるまでは、発行は保留にしておこう。
エ　これまでは俺たちが負担したから、今後はあいつに全額負担してもらおう。

問五　――線③「三人の問題は一億人の問題」とありますが、三人の問題を一億人の問題と置き換えた具体例を、――線③よりも後の文中から三十字でぬき出し、はじめの五字で答えなさい。（句読点なども字数にふくみます）

問六　――線④「いちばん小さな単位で、身近なことに置き換えて考えてみるといい」とありますが、それはなぜですか。その理由が書かれた段落を［1］～［4］の中から選び、番号で答えなさい。

問七　本文の内容の説明として最も適当なものを次の中から選び、記号で答えなさい。

ア　社会や政治のことを考えるときは、役割分担をどうするかということを第一に考えるとよい。
イ　まずは自分の周りにある身近なことだけを考えていれば、たいていの問題は解決につながっていく。
ウ　集団の中の全員が脱落しないように、効率にこだわりすぎないで物事を進めることが、たいへん重要だ。
エ　よくわからないことでも、まず自分で、身近なところから考えて結論を出す練習をしておくことが大切だ。

四　次の文章を読んで、あとの問いに答えなさい。（三十点）

（能島六郎は、五十年余り鍛冶《かじ》職人として生きてきた。その仕事場に、十二歳の由川浩太が、仕事を見せてほしいとやってくる。夏休みの七日間、毎日見学に来た浩太は、中学校に行かず、六郎の鍛冶屋を継《つ》ぎたいと言い出した。驚《おどろ》いた浩太の担任と母親は、六郎を訪ね、浩太を説得してほしいとお願いした。）

「ともかく話してみましょう。」

六郎は二人に約束した。

承諾《しょうだく》はしたものの、口下手な六郎の説得をあの純粋無垢《じゅんすいむく》な浩太が聞き入れてくれるとは思えなかった。進学した方がおまえのためだと話せば話すほど浩太は自分に裏切られたと思うに違《ちが》いない。

六郎は考えた。妙案《みょうあん》なぞ浮《う》かぶはずはなかった。考えた末、六郎が出した答えは彼《かれ》がかつて少年の時、親方が彼に鍛冶職人がいかに素晴らしい職業かを教えてくれた、①あの山径《やまみち》に二人で出かけ、親方が言ったことと同じ話をしてみようということだった。それは②説得とはまったく逆の話なのだが、六郎は自分ができる唯一《ゆいいつ》の方法だと思った。

昼食を終えて二人は岩の上で少し昼寝《ひるね》をした。

六郎は眠《ねむ》れなかった。胸元《むなもと》で浩太の寝息が聞こえた。

六郎の胸《むね》の上に浩太のちいさな指がかかっている。いつかこの指が大人の男の指になるのだろうと思った。その時は自分はこの世にいない。浩太がどんな大人になるか見てみたい気がする。③六郎は独りで生きてきたことを少し後悔《こうかい》した。

——いや、そのかわりにこの子に逢《あ》えた。

親方の言葉がまた聞こえてきた。

『玉鋼《たまはがね》と同じもんがおまえの身体の中にもある。玉鋼のようにいろんなもんが集まって一人前になるもんじゃ。鍛冶の仕事には何ひとつ無駄《むだ》なもんはない。とにかく丁寧《ていねい》に仕事をやっていけ。』

1親方の言葉が耳の底に響《ひび》いた。

玉鋼※は鋼の最上のものである。ちいさな砂鉄をひとつひとつ集めて玉鋼は生まれる。親方はちいさなものをおろそかにせずひとつひとつ集めたものが一番強いということを少年の六郎に

1	(1)			(2)		
	(3)			(4)		
	(5)			(6)		
	(7)					
	(8)	(あ)	分速　　　km	(い)	秒速　　　m	
	(9)			(10)	%	

※

2	(1)	年後	(2)	日
	(3)	個	(4)	円

※

3	(1)	cm^2	(2)	度

※

中

令和３年度中学校入学試験解答用紙

【Ａ日程】

算　　　数

・この用紙の内側に解答欄《かいとうらん》があります。

・監督者《かんとくしゃ》の指示があったら，この用紙を冊子から取りはずし，受験番号，氏名を記入してください。なお，受験番号を記入する欄は内側にもあります。

・受験番号，氏名の記入が終わったら，この用紙を二つ折りにして，静かに開始の合図を待ってください。

受験番号		氏名	

久留米信愛中学校

言って聞かせた。その時は[2]親方の話の意味がよくわからなかった。それが十年、二十年、三十年と続けて行くうちに理解できるようになった。④一日一日も砂鉄のようなものだったのかもしれない……。

浩太が目を覚ました。

「浩太、鋼は何からできるか知っとるや。」

※「鉄鉱《てっこう》石。」

「そうじゃ。他には。」

浩太が首をかしげた。

「ならそれを見せてやろう。靴《くつ》を脱《ぬ》いで裸足《はだし》になれ。」

六郎は浩太を連れて滝壺《たきつぼ》の脇《わき》の流れがゆるやかな水に膝《ひざ》まで入り、底の砂を両手で掬《すく》い上げた。そうして両手を器《うつわ》のようにして砂を洗い出した。浩太は六郎の大きな手の中の砂をのぞきこんでいる。やがて六郎の手の中にきらきらと光る粒《つぶ》が残った。

六郎はその光る粒を指先につまんで浩太に見せた。

「これが砂鉄じゃ。この砂鉄を集めて火の中に入れてやると鋼ができる。」

「ぼくにも見つけられますか。」

「ああできるとも。やってみろ。」

浩太はズボンが濡《ぬ》れるのもかまわず水の中から砂を掬い上げると両手の中で洗うようにした。浩太のちいさな手に砂鉄が数粒残った。

「あった、あった。砂鉄があった。」

浩太が嬉《うれ》しそうに声を上げ、六郎を見返した。

「それは真砂《まさご》砂鉄と言う一等上等な砂鉄じゃ。このあたりにしかない。※かなやごさんがこの土地に下さったもんじゃ。その砂鉄をあの岩ほど集めて、これだけの玉鋼ができる。」

六郎は先刻まで二人が座っていた大岩を指さし、両手で鋼の大きさを教えた。

「あの岩ほど集めて、それだけの鋼しか取れないんですか。」

「そうじゃ。そのかわり鋼を鍛《きた》えて刀に仕上げればどんなものより強い刀ができる。どんなに強い刀も、この砂鉄の一粒が生んどる。」

「なら砂鉄が一番大事なものですね。」

「そうじゃ。砂鉄はひとつひとつはちいさいが集まれば大きな力になる。この砂鉄と同じもんが、浩太の身体の中にある。」

「ぼくの身体の中に……。」

「どんなに大変そうに見えるもんでも、今すぐにできんでもひとつひとつ丁寧に集めていけばいつか必ずできるようになる。わしの3親方がそう言うた。」

「ぼくも、ぼくの親方のようにいつかなれるんですね。」

「……。」

六郎は浩太の言葉に口ごもった。

「浩太、わしだけがおまえの親方ではない。」

「どうしてですか。ぼくの親方はあなただけです。4親方だけです。」

浩太の顔が半べそをかきそうになっていた。六郎は浩太の頭を撫《な》でた。

二人は滝《たき》を離《はな》れると、※青煙《あおけむり》の中腹まで登った。そこから※中国山地の美しい眺望《ちょうぼう》をひとしきり眺《なが》めて下山した。

登山口のバス停で二人は並んでバスを待った。六郎はバスのくる方角を見ていた。

「親方、今日はありがとうございます。」

浩太がぽつりと言ってお辞儀《じぎ》をした。

「どうしたんじゃ急に、礼なぞ⑤水臭《くさ》い。」

六郎はうつむいている浩太を見て、思い出したようにポケットの中を探《さぐ》った。そうしてちいさな石を浩太に差し出した。

「滝のそばで拾うた。みやげに持って行け。」

それは鉄鉱石だった。浩太は石をじっと見ていた。

「いつかおまえが大きゅうなったら、この山をもう一度登るとええ。そん時は誰《だれ》かを連れて行って、あの滝を見せてやれ。山も滝もずっと待ってくれとる。きっとおまえは……。」

六郎が言いかける前に浩太が六郎の胸に飛び込《こ》んできた。※嗚《お》咽《えつ》が聞こえた。しがみついた手が震《ふる》えていた。オ、ヤ、カ、タ……。途切《とぎ》れ途切れに声が聞こえた。

――この子は今日の山登りを何のためにしたのか、初めっからわかっていたのかもしれん。

そう思うと⑥泣きじゃくる浩太の背中のふくらみがいとおしく思えた。

(伊集院静『親方と神様』一部改変)

※ 鋼 … 鉄と炭素との合金。鋼鉄。
※ 鉄鉱石 … 鉄の原料となる石。
※ かなやごさん … この地方に残る鉄造りの神。
※ 青煙 … 峠《とうげ》の名前。
※ 中国山地 … 本州の西南部にある山地。
※ 嗚咽 … 息をつまらせるように泣くこと。

問一 ――線①「あの山径に二人で出かけ」とありますが、「山径」の場面はどこからですか。それが始まるところを文中から五字でぬき出して答えなさい。（句読点なども字数にふくみます）

問二 ――線②「説得とはまったく逆の話」について答えなさい。

(1)「説得」とはどうすることですか。次の文にあてはまることばを、文中から二字でぬき出して答えなさい。

浩太が□することを納得できるように話をする。

(2)「まったく逆の話」とはどのような話ですか。文中のことばを使って、二十五字以内で答えなさい。（句読点なども字数にふくみます）

問三 ――線③「六郎は独りで生きてきたことを少し後悔した。」とありますが、その理由として最も適当なものを次の中から選び、記号で答えなさい。

ア 鍛冶職人として自分が築いてきたものを、他の人から横取りされるという不安が消えないから。
イ 鍛冶職人のプライドのため、独りで生きるさびしさをだれにも打ち明けることができないから。
ウ 自分の子どもが成長して、立派な大人になった姿を見る喜びを経験することができないから。
エ 自分の家族と強いきずなを作って、喜びや悲しみを分かち合う経験をすることができないから。

問四 ――線1～4の「親方」の中から、別の人物を指すものを一つ選び、番号で答えなさい。

問五　――線④「一日一日も砂鉄のようなもの」について説明した次の文の［ア］・［イ］にあてはまることばを、それぞれ指定された字数で文中からぬき出して答えなさい。（句読点なども字数にふくみます）

砂鉄は、［ア（二十字）］になるように、一日一日を［イ（七字）］、仕事を丁寧にやっていけば、一人前になれるということ。

問六　――線⑤「水臭い」の意味として最も適当なものを次の中から選び、記号で答えなさい。

ア　はずかしい　　イ　めずらしい　　ウ　すがすがしい　　エ　よそよそしい

問七　――線⑥「泣きじゃくる浩太」とありますが、浩太が泣いた理由を六郎はどのように思っていますか。最も適当なものを次の中から選び、記号で答えなさい。

ア　浩太は希望をかなえることが難しいと理解はしていても、自分が心に決めた仕事への熱い思いをすぐに断《た》ち切ることができないから泣いたのだろう。

イ　浩太はあこがれていた中国山地の美しい山並みを見て感動し、これから困難に出会っても、今日の思い出をはげみにしようと思っているから泣いたのだろう。

ウ　浩太は自分の真意がだれにも伝わらず、わかってもらえないことをくやしく思い、一人で耐《た》えなければならないさみしさを感じたから泣いたのだろう。

エ　浩太は信用できる大人に初めて出会えたのに、周囲からの批判をはね返す気力がなくて、別れてしまうことがつらかったから泣いたのだろう。

2021(R3)久留米信愛中
教英出版

問五

問六

問七

※

四

問一

問二

(1)

(2)

問三

問四

問五

ア

イ

問六

問七

※

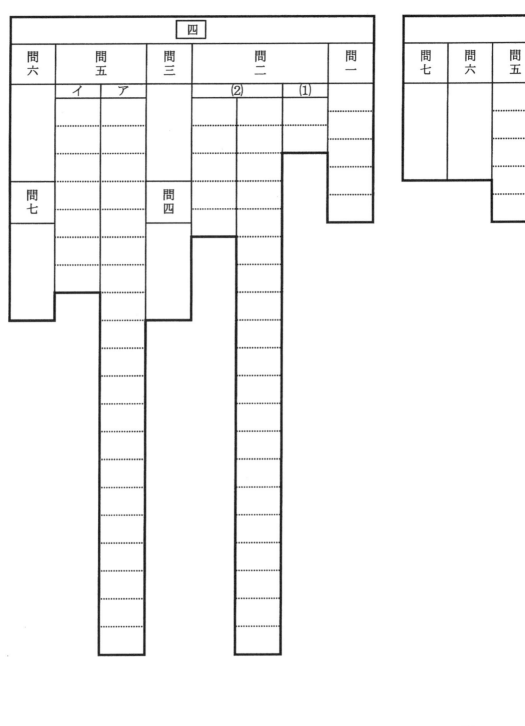

中

令和３年度中学校入学試験問題

【Ａ日程】

算　　　数

（40分）

注意

1　監督者《かんとくしゃ》の開始の合図があるまで，この問題冊子を開かないでください。

2　問題は，２ページから１０ページまであります。

3　解答は，すべて解答用紙の所定の欄《らん》に記入してください。

4　解答用紙の※印の欄には，何も記入しないでください。

5　監督者の終了《しゅうりょう》の合図で筆記用具を置き，解答面を下に向け，広げて机の上に置いてください。

6　解答用紙だけを提出《ていしゅつ》し，問題冊子は持ち帰ってください。

久留米信愛中学校

1 次の□にもっともあてはまる数を入れなさい。(30点)

(1) $77-24+48=$ □

(2) $12\times6\div4-8=$ □

(3) $\dfrac{1}{7}+\dfrac{2}{3}-\dfrac{1}{2}=$ □

(4) $56\div(44-9\times4)=$ □

(5) $0.12\times\left(\dfrac{7}{15}+1.2\right)=$ □

(6)　5002÷5＋5103÷5＝□

(7)　□ : 2＝5 : 14

(8)　時速 36 km ＝ 分速 (あ) km ＝ 秒速 (い) m

(9)　○＋□＝20 となり，□＋△＝38 となります。○＋△＝44 のとき○にあてはまる数字は □ です。

(10)　濃《のう》度《ど》 3 %の食塩水 300 g と濃度 15 %の食塩水 100 g をよくまぜあわせてできる食塩水の濃度は □ % です。

2 次の問いに答えなさい。(16点)

(1) しんじさんは現在10歳《さい》で，弟は8歳，おじいさんは72歳です。
　おじいさんの年れいが，しんじさんと弟の年れいの和の2倍になるのは何年後ですか。

(2) 妹が1人で作業すると15日かかり，兄が1人で作業すると9日かかる仕事があります。この仕事を兄が1人で1日作業し，その後兄妹の2人で仕事を終わらせました。このとき，2人で仕事をした日数は何日ですか。

(3) ビー玉385個をア，イ，ウの3つの箱に分けました。イの箱はアの箱の$\frac{4}{5}$より7個多く，ウの箱はイの箱の$\frac{3}{7}$でした。このとき，ウの箱のビー玉は何個ですか。

(4) ある商品を仕入れ値の2割増しで販売《はんばい》したところ売れなかったので，その値段から1割引きの2700円で販売をすることになりました。仕入れ値は何円ですか。ただし，消費税は考えないものとします。

3 次の問いに答えなさい。ただし，円周率は3.14とします。(14点)

(1) 下の図のように，1辺が3 cmの正方形と，1辺が5 cmの正方形が重なっています。かげの部分の面積を求めなさい。

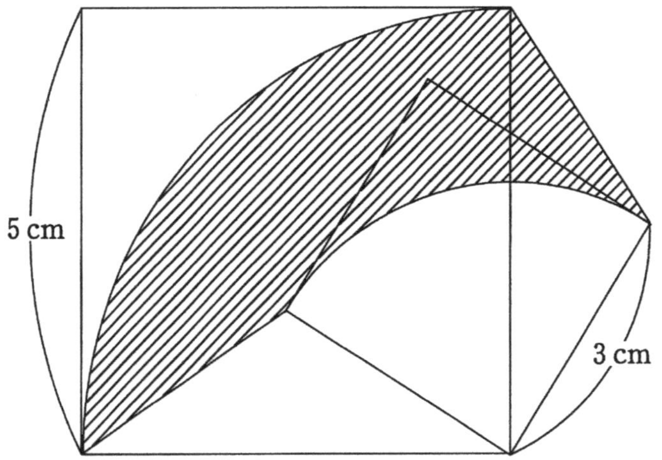

(2) 下の図のように，2つの正三角形と直角三角形を合わせてできた図形があります。アの部分の角度を求めなさい。ただし，同じ印をつけた辺の長さは等しいものとします。

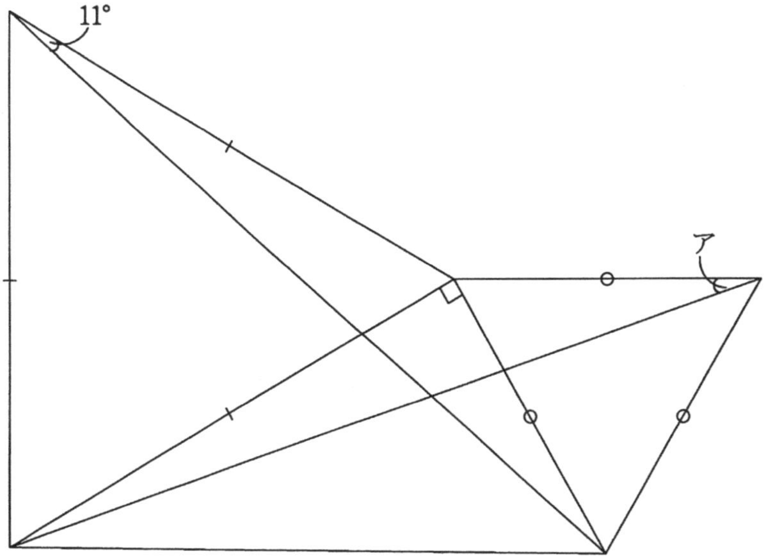

中

令和３年度中学校入学試験解答用紙

【Ａ日程】

理　　　　科

・この用紙の内側に解答欄《かいとうらん》があります。
・監督者《かんとくしゃ》の指示があったら，この用紙を冊子から取りはずし，受験番号，氏名を記入してください。なお，受験番号を記入する欄は内側にもあります。
・受験番号，氏名の記入が終わったら，この用紙を二つ折りにして，静かに開始の合図を待ってください。

受験番号		氏名	

久留米信愛中学校

Ｒ３　中学校Ａ日程　理科　解答用紙

1	問１	A	呼吸	A以外	呼吸			
	問２	→ →						
	問３	（1）	記号		呼び名		（2）	
	問４							
	問５		問６		問７			

※

2	問１		問２		問３		問４	
	問５							

※

4 下のように数字をある規則にしたがって並べていきます。上から順番に1段目，2段目，3段目，…… とします。たとえば，4段目の左から3番目の数字は9です。まさおさんとはなこさんの会話を読み，あとの問いに答えなさい。

（20点）

1段目　　1
2段目　　2　3
3段目　　4　5　6
4段目　　7　8　9　10
5段目　　11　12　13　14　15
⋮

まさおさん：数字がピラミッドのように並んでいるぞ。

はなこさん：1段目の数字は1，3段目の真ん中の数字は5，5段目の真ん中の数字は13，ピラミッドの真ん中に数字があるのは奇《き》数《すう》の段のときだけだね。

まさおさん：本当だ。次に真ん中に数字が来るのは7段目になってその数字は［ア］になるね。真ん中の数字を見てみると規則性が見えてきたぞ。

はなこさん：1の次が5，次が13…。あっ，［A］ずつ増えていってるね。

まさおさん：よし，規則性が見つかったね。問題を作って出し合いっこしてみよう。85は何段目の真ん中の数字になるか求めてみてね。

はなこさん：［イ］段目の真ん中の数だね。127は何段目の左から何番目にあるかわかるかな。

まさおさん：んー，難しいな。［ウ］段目の左から［エ］番目かな。

はなこさん：正解。

(1) ［ア］にあてはまる数字を答えなさい。

(2) ［A］にあてはまる言葉を4文字で答えなさい。

(3) ［イ］，［ウ］，［エ］にあてはまる数字を答えなさい。

5 下の図のような直方体を組み合わせてできた空っぽの水そうがあります。この水そうに毎分2Lの割合で水を入れます。このとき，あとの問いに答えなさい。（20点）

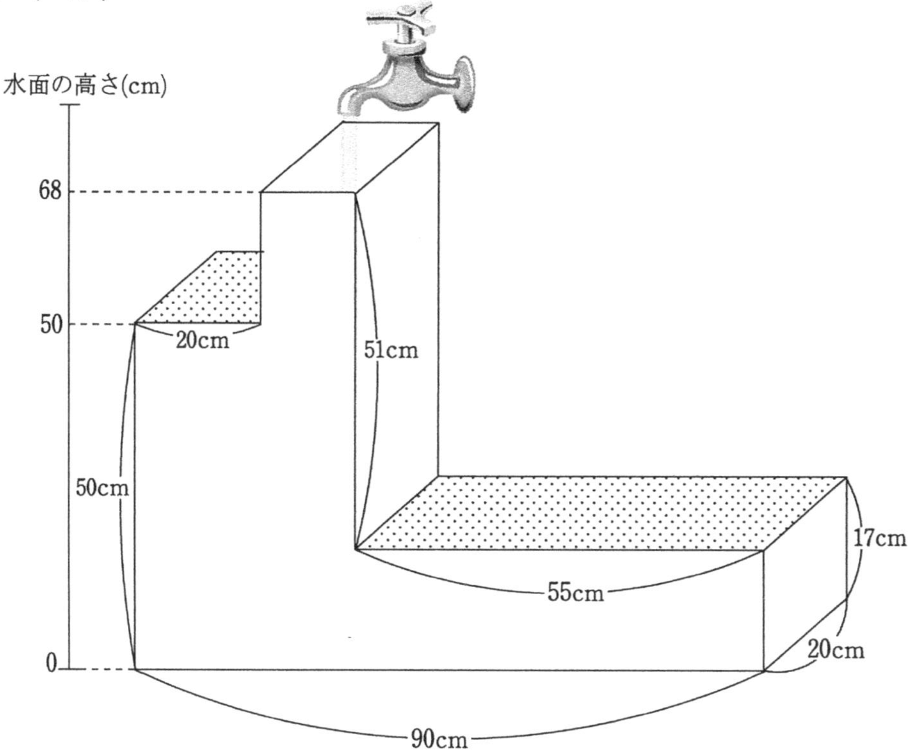

(1) 水面の高さが17 cmになるのは，水を入れ始めてから何分何秒後ですか。

(2) 水を入れ始めてから16分42秒後の水面の高さは何 cm ですか。

(3) この水そうが満水になるのは，水を入れ始めてから何分何秒後ですか。

2021(R3)久留米信愛中
教英出版

4	(1)	ア			
	(2)	A			
	(3)	イ		ウ	
		エ			

※

5	(1)	分　　　秒後
	(2)	cm
	(3)	分　　　秒後

※

受験番号

※

得点	※100点満点

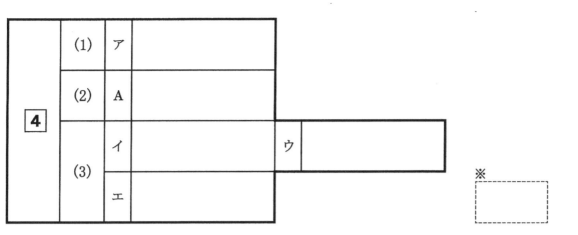

2021(R3)久留米信愛中
K 教英出版

中

令和３年度中学校入学試験問題

【Ａ日程】

理　　　　科

（30分）

注意

1　監督者《かんとくしゃ》の開始の合図があるまで，この問題冊子を開かないでください。

2　問題は，２ページから７ページまであります。

3　解答は，すべて解答用紙の所定の欄《らん》に記入してください。

4　解答用紙の※印の欄には，何も記入しないでください。

5　監督者の終了《しゅうりょう》の合図で筆記用具を置き，解答面を下に向け，広げて机の上に置いてください。

6　解答用紙だけを提出《ていしゅつ》し，問題冊子は持ち帰ってください。

久留米信愛中学校

1 サイエンス部の信一さんと愛子さんは，先生といっしょに近くの小川に生き物を調べに行きました。川には次のＡ～Ｆの生き物がいました。あとの会話文は，Ａ～Ｆの生き物についての３人の会話の一部です。（１６点）

Ａ

Ｂ

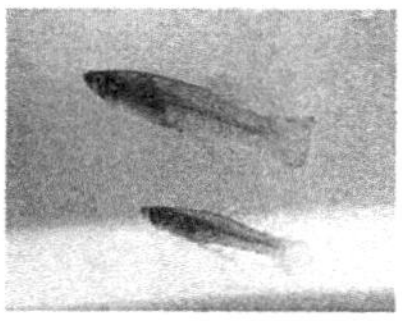

Ｃ

Ｄ

Ｅ

Ｆ

信一「いろいろな生き物がいるね。Ａはときどき水面に上がってくるけど，なんでかな。」
愛子「Ａだけは私たちと同じ方法で呼吸してるから，息つぎしているんだよ。」
信一「へえ。ということはＡ以外は私たちとちがう方法なんだね。」
愛子「Ｂはカエルの姿に変わると呼吸のしかたも変わるんだよね。」
信一「（　①　）も成長すると姿が変わるんだよね。変わるところを見てみたいね。」
愛子「あれっ，Ｃはメダカかと思っていたけど，よく見るとちがうよ。」
先生「これはカの幼虫を食べてくれるカダヤシという種類で，昔，ヒトがたくさん放したんだ。カダヤシのように，もともといなかった種類を外来種といって，自然界のバランスをくずしてしまうこともあるんだよ。」
信一「じゃあ，Ｄも外来種ですか？」
先生「そう。わかりやすいよね。食用のカエルを養しょくするためのえさとして持ちこまれたんだ。」
愛子「カエルがこれ食べるの？びっくり。じゃあＥやＦは何を食べているのかな？」
信一「観察してみようか。・・・わっ，すごい。Ｅの下あごがとび出して，（　③　）よ。」
愛子「Ｆはカタツムリのようにゆっくりと川底の石の上を動いているけど，そのあとがついているね。もしかしたら石についている緑色のものを食べているのかな。」
信一「理科室の顕《けん》微《び》鏡《きょう》で緑色のものを見てみようか。」

・・・（数分後，理科室にて）・・・

信一「わあ，すごい。たくさん見えるよ。」
愛子「どれどれ，見せて。」
先生「これが何かわかるかな？」

問１　Ａの呼吸のしかたと，Ａ以外の生き物の呼吸のしかたを，それぞれ何呼吸といいますか。

問２　Ｂがカエルになるまでの変化のしかたについて，次の**ア**～**ウ**を正しい順に並べなさい。

ア　前あしが出てくる　　**イ**　後ろあしが出てくる　　**ウ**　尾《お》がなくなる

問３　会話文の（①）には成長すると姿が変わるＢ以外の生き物が入ります。
（１）あてはまる生き物を，Ａ～Ｆから１つ選び記号で答え，その呼び名を答えなさい。
（２）その生き物が成長して変わった姿を，下の**ア**～**オ**から１つ選び，記号で答えなさい。

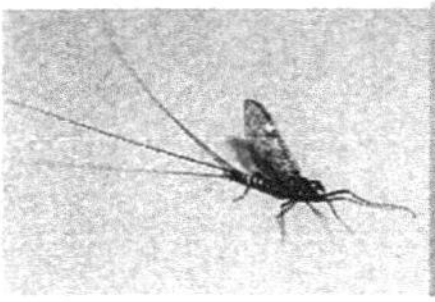
ア

イ

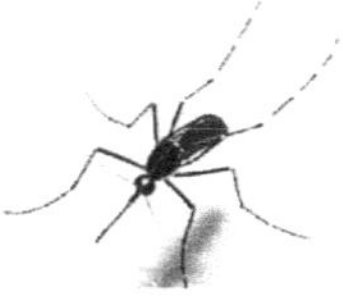
ウ

エ

オ

問４　Ｄの名前を答えなさい。

問５　会話文の（③）に入る，信一さんがおどろいた内容を，次の**ア**～**ウ**から１つ選び，記号で答えなさい。

ア　水草を引きちぎった
イ　近くを通った魚をつかまえた
ウ　どろをまるごとのみこんだ

問６　信一さんたちが顕微鏡で見た「石の表面についていた緑色のもの」を，次の**ア**～**エ**から１つ選び，記号で答えなさい。

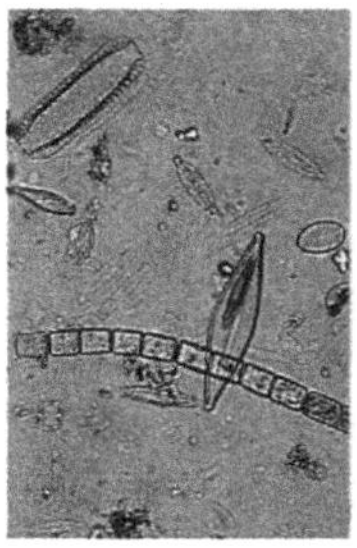
ア

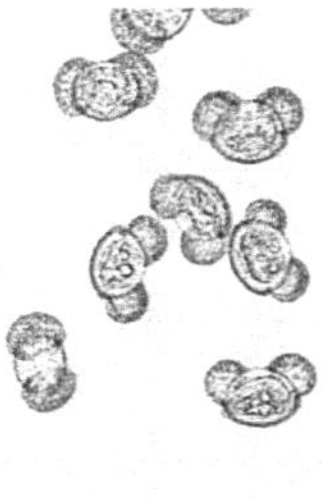
イ

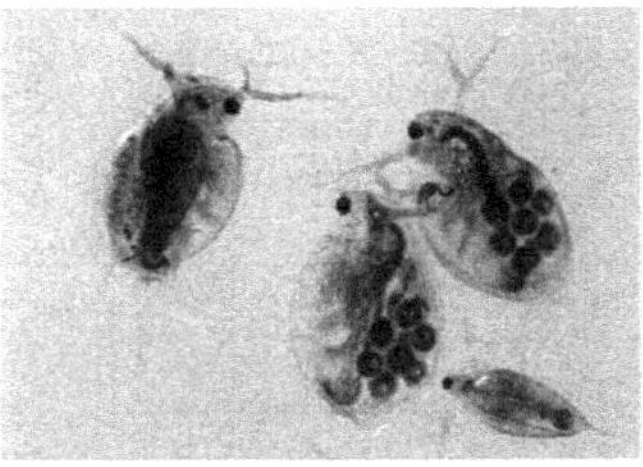
ウ

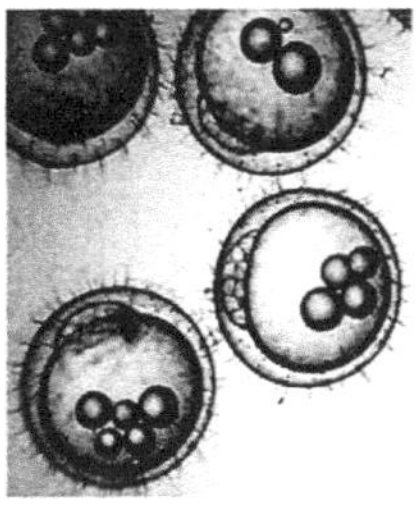
エ

問７　信一さんたちがこの観察をした季節を，次の**ア**～**エ**から１つ選び，記号で答えなさい。

ア　春　　**イ**　夏　　**ウ**　秋　　**エ**　冬

2　あきらさんは影《かげ》のでき方を学校で勉強して，影に関して興味を持ちました。そこであきらさんは図１のように厚紙に棒を立てたしるしを作り，図２のようにライトと地《ち》球《きゅう》儀《ぎ》を置いて地球儀の上にしるしをはり付け，ライトの正面にしるしを合わせたのち，地球儀を矢印の向きに回しながら 15°ごとに影を記録することで，影のでき方を調べました。あとの会話文は実験の結果を受けてのあきらさんと先生の会話の一部です。（１１点）

図１　しるし

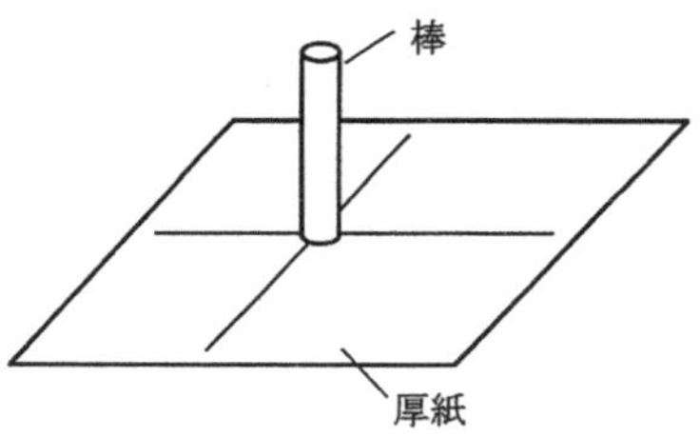

図２　ライトと地球儀を用いたモデル

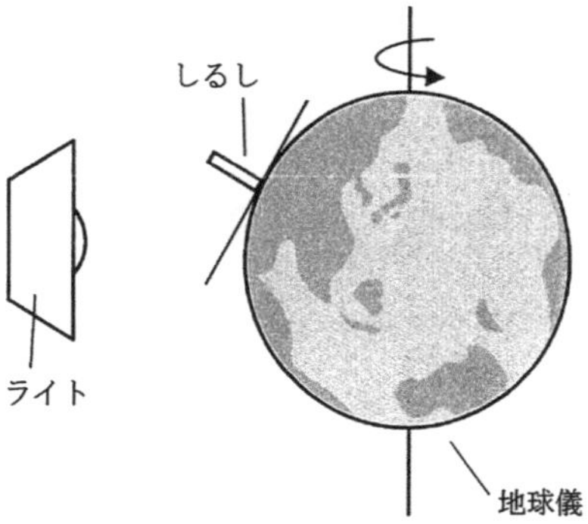

あきら「影の先が時間とともに移動していきます。」
先　生「これは地球が（　①　）することで，太陽が（　②　）へ移動するからだね。ふだんの生活に置きかえると，はじめに正面から光を当てた時が，太陽が一番高い位置にきたときと同じになるね。」
あきら「ということは，ちょうど正午あたりですか？」
先　生「そういうことになるね。」
あきら「ですが，同じ正午でも，影の長さは季節によってちがう気がします。」
先　生「いいところに気づいたね。」

問１　調べた影の記録の結果を，次の**ア**～**エ**から１つ選び，記号で答えなさい。

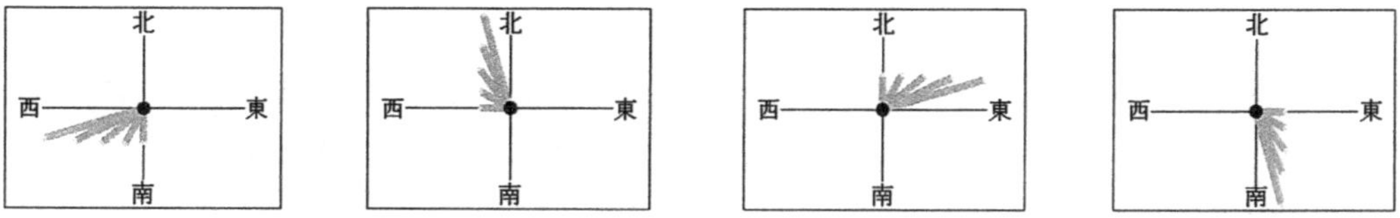

ア　　**イ**　　**ウ**　　**エ**

問２　会話文の（①）にあてはまる言葉を漢字２文字で答えなさい。

問３　会話文の（②）にあてはまるものを，次の**ア**～**エ**から１つ選び，記号で答えなさい。

ア　南から北　　**イ**　北から南　　**ウ**　西から東　　**エ**　東から西

中

令和３年度中学校入学試験解答用紙

【Ａ日程】

社　会

・この用紙の内側に解答欄《かいとうらん》があります。

・監督者《かんとくしゃ》の指示があったら，この用紙を冊子から取りはずし，受験番号，氏名を記入してください。なお，受験番号を記入する欄は内側にもあります。

・受験番号，氏名の記入が終わったら，この用紙を二つ折りにして，静かに開始の合図を待ってください。

受験番号		氏名	

久留米信愛中学校

1	問1	a		b		問2	
	問3						
	問4	(1)					
		(2)					
	問5						
	問6		問7				

2	問1		問2	

※

問４　正午にできる影が，１年の中で最も短くなるのは何月ごろですか。次の**ア**～**エ**から１つ選び，記号で答えなさい。

ア　３月　　**イ**　６月　　**ウ**　９月　　**エ**　１２月

問５　季節ごとの影のでき方を結果として得るためにはどうすればよいですか。「**地球儀**」という言葉を用いて簡単に答えなさい。なお，ライトは固定されているものとします。

3　信夫さんと愛子さんは小学校の理科研究クラブに所属しています。実験室で次のA～Gの７つの液体が入った容器を使って実験することになりました。あとの会話文はそのときの会話の一部です。（１２点）

A　砂とう水　　B　食塩水　　C　うすい塩酸　　D　うすい水酸化ナトリウム水溶液《すいようえき》
E　水　　F　石灰水《せっかいすい》　　G　炭酸水

信夫「この７つをどうやって見分けようか。」
愛子「まずはリトマス紙を使って水溶液の性質をみたらいいんじゃない？」
信夫「わかった。ではリトマス紙を使って実験してみよう。」
愛子「色が変わったのが①４つあったわ。」
信夫「赤色に変わったのが②２つ，青色に変わったのが２つあったね。」
愛子「青色に変わったものはどうやって区別できるのかな。」
信夫「ストローで息をふきこんでみたら？」
愛子「２つのうち１つが③色が変わったわ。」
信夫「色が変わらなかった３つはどうやって区別しようか。」
愛子「そうだわ。その④３つを加熱してみましょうよ。」
信夫「今度は10cm^{3}ずつはかって２つの容器を混ぜてみようよ。まずはCにDを加えていこう。」
愛子「水溶液の性質がよく分かるように⑤ＢＴＢ溶液を加えてみましょう。」
信夫「CにDを少しずつ加えていくと，色が変わっていくよ。⑥ＢＴＢ溶液の色が緑色になったところで混ぜるのをやめてみよう。」

問１　会話文の下線部①について，リトマス紙の色が変わった容器を，A～Gから４つ選び，記号で答えなさい。

問２　会話文の下線部②について，リトマス紙が赤色に変わった容器を，A～Gから２つ選び，記号で答えなさい。

問３　会話文の下線部③について，息をふきこむことで色が変わった容器を，A～Gから１つ選び，記号で答えなさい。また，変化した色を答えなさい。

図

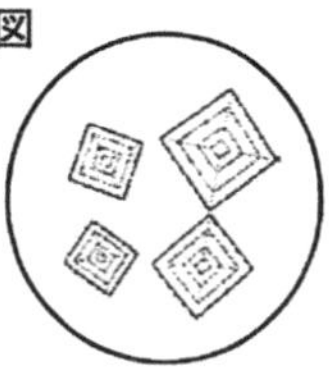

問４　会話文の下線部④について，３つの容器から液を少量ずつとってから蒸発させると，２つは白い粉《こな》が残りました。その白い粉のうちの１つをルーペで観察すると，右図のような結晶《けっしょう》が見られました。この結晶が見られた容器を，A～Gから１つ選び，記号で答えなさい。

問５　会話文の下線部⑤について，ＢＴＢ溶液を加えたときに青色になる容器を，A～Gからすべて選び，記号で答えなさい。

問６　会話文の下線部⑥について，CにDを少しずつ加えていったときに，ＢＴＢ溶液の色が緑色になったところで加えるのをやめたあと，そこから液を少量とって加熱すると白い粉が残りました。この白い粉の名前を答えなさい。

4　愛子さんは夏休みの自由研究で，電池で動く電気自動車をつくりました。次の会話文は愛子さんとお母さんの会話の一部です。（１１点）

愛　　子「家にある新品の電池１本とモーター１個でつくれたよ。」
お母さん「うまくできているわね。」
愛　　子「だけどもっと速く走らせたいんだ。」
お母さん「新品の電池ならあと１本あるわよ。使ってみたら。」
愛　　子「２本の電池を①このようにつなぐと，速く走るよ。」
お母さん「こうかしら。」
愛　　子「ちがうよ。そう並べると速さは変わらないけれど（　②　）走るようになるよ。電池の並べ方で，走る速さが変わるんだ。」
お母さん「でもそのためにいくつもかん電池を使うのはどうかしら？使えなくなって捨てるしかないよね。」
愛　　子「そうだね。長く使えて環境《かんきょう》にやさしい電池はないかな。」
お母さん「いまは③電灯の明かりや太陽の光を使って，電池と同じはたらきをするものもできているわよ，今度使ってみたら。」
愛　　子「わかった。」

問１　下の図は，２本の電池とモーターです。会話文の下線部①の電池のつなぎ方を，解答欄の図に線を書き入れて表し，電気の通り道を完成させなさい。

図

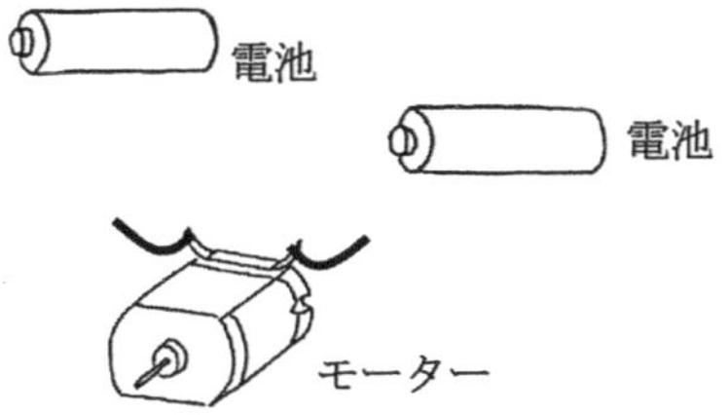

問２　会話文の（②）にあてはまる言葉を答えなさい。

問３　会話文の下線部③を何といいますか。

問４　つくった電気自動車を逆向きに走らせたいとき，何をどのようにすればよいですか。電気自動車の向きを変えるという方法以外で，次の（　）にあてはまる言葉をそれぞれ答えなさい。

（　　　　　　）を（　　　　　　）する。

2021(R3)久留米信愛中
教英出版

3	問１					問２		
	問３		色		問４			
	問５							
	問６							

※

4	問１	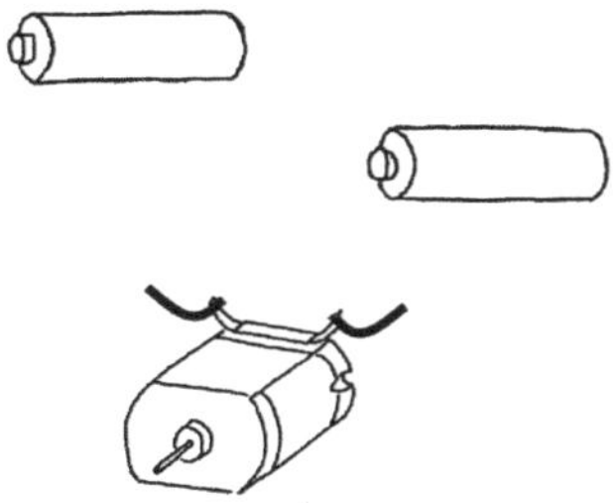	問２	
			問３	
	問４	を　　　　　　　　する。		

※

受験番号

※

得点	※50点満点

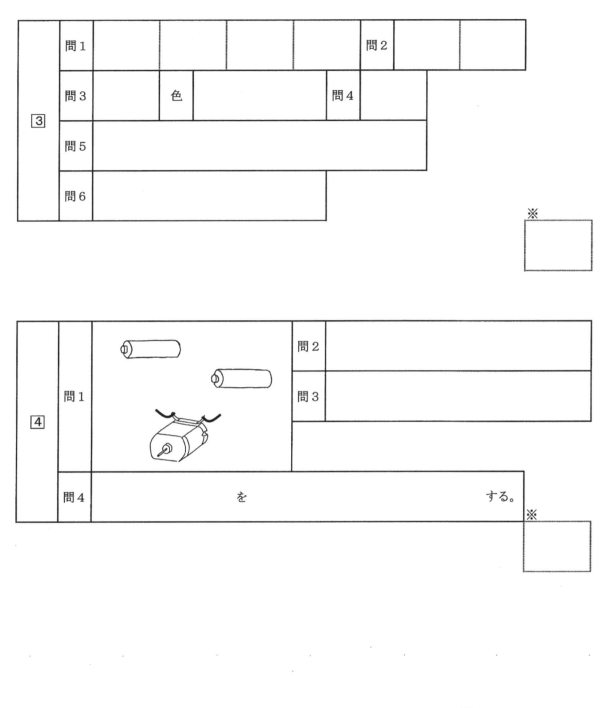

2021(R3)久留米信愛中
教英出版

中

令和３年度中学校入学試験問題

【Ａ日程】

社　　　　会

（30分）

注意

1　監督者《かんとくしゃ》の開始の合図があるまで，この問題冊子を開かないでください。

2　問題は，２ページから７ページまであります。

3　解答は，すべて解答用紙の所定の欄《らん》に記入してください。

4　解答用紙の※印の欄には，何も記入しないでください。

5　監督者の終了《しゅうりょう》の合図で筆記用具を置き，解答面を下に向け，広げて机の上に置いてください。

6　解答用紙だけを提出《ていしゅつ》し，問題冊子は持ち帰ってください。

久留米信愛中学校

1　日本についての社会の授業で，先生が説明された次の文章を読み，下の地図を見て，あとの問いに答えなさい。（１２点）

日本は，ユーラシア大陸の東側に連なる島国で，６８００あまりの島からなり，①国土面積は約３８万㎢と，世界では［ a ］番目くらいの広さを持っています。世界最大の国であるロシアが，日本の約［ b ］倍の面積であることを考えると，とても小さく感じますが，意外な順位ですね。実際，日本最大の島である本州は②世界で７番目に大きな島で，島としては世界第２位の人口になるんですよ。また，**表**から日本を取りまく③排他《はいた》的経済水域は世界で６番目の広さを持つことがわかりますね。

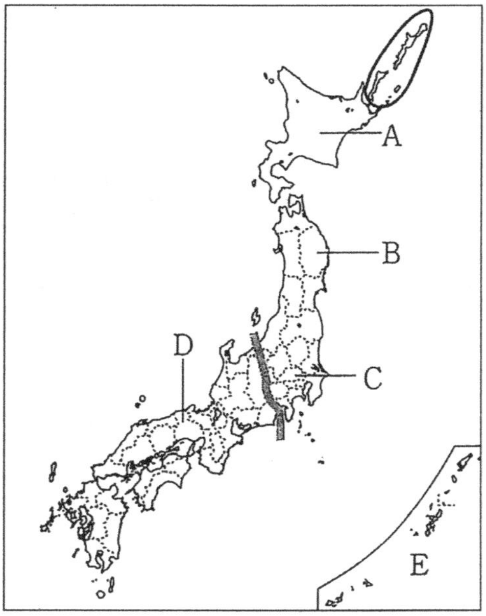

問１　文中［ a ］・［ b ］にあてはまる数字を，次の**ア**～**オ**からそれぞれ１つずつ選びなさい。

ア　２５　　**イ**　４５　　**ウ**　６０

エ　９０　　**オ**　１３０

表　排他的経済水域の広い国々

	国　名	面　積
1	アメリカ合衆国	762 万㎢
2	オーストラリア	701 万㎢
3	インドネシア	541 万㎢
4	ニュージーランド	483 万㎢
5	カナダ	470 万㎢
6	日本	447 万㎢

問２　下線部①について，国の領域は領土・領海ともう１つは何からなりますか。漢字２字で答えなさい。

問３　下線部②について，北大西洋にうかぶ世界最大の島を，次の**ア**～**エ**から１つ選びなさい。

ア　マダガスカル島　　**イ**　スマトラ島

ウ　グリーンランド島　　**エ**　ニューギニア島

問４　下線部③について，次の問いに答えなさい。

⑴　これはどういうものですか。次の２つの語句を使って，簡単に説明しなさい。

［語句］２００海里《カイリ》　　資源

⑵　日本より排他的経済水域の広い国々のうち，国土面積が日本よりせまい国を１つ答えなさい。

問５　地図中━━線は，地形的に日本を東日本と西日本に分ける線で，新潟《にいがた》県糸魚《いとい》川《がわ》市と静岡《しずおか》県静岡市を結んでいます。この線を何といいますか。カタカナで答えなさい。

問６　地図中〇で示した北方領土は，日本固有の領土ですが現在はロシアが占拠《せんきょ》しています。この北方領土に属さない島を，次の**ア**～**エ**から１つ選びなさい。

ア　国後《くなしり》島　　**イ**　択捉《えとろふ》島　　**ウ**　尖閣《せんかく》諸島　　**エ**　歯舞《はぼまい》群島

問７　次の文章が説明している道県を，地図中のＡ～Ｅから１つ選びなさい。

> 日本ではめずらしい鉄を古くから産出し，現在でも特産品として鉄製品が作られて，町おこしの役に立っています。２０１１年には大きな自然災害に見舞《みま》われ、人口減少がさらに加速されて大きな問題になっています。

2　下の図は，信太さんが野外調査を行った地域のようすを，２万５千分の１の地形図のきまりに従って描《えが》いたものです。あとの問いに答えなさい。（４点）

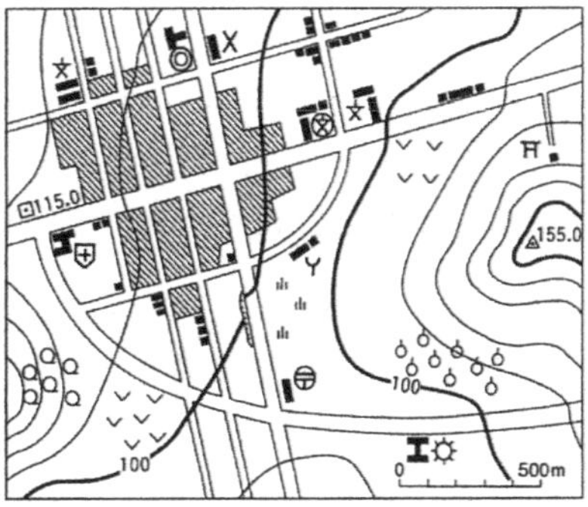

問１　図中の建物のうち，いちばん標高が高いところにあるものはどれですか，次の**ア**～**エ**から選びなさい。

ア　病院　　**イ**　市役所
ウ　神社　　**エ**　高等学校

問２　図から得られる情報として正しいものを，次の**ア**～**エ**から１つ選びなさい。

ア　１０年前と比べた市街地の広がりぐあい
イ　町でいちばん高い建物
ウ　工場の北で栽培《さいばい》されている果物《くだもの》の種類
エ　高等学校から郵便局までのいちばんの近道

3　次の３人の会話文を読み，あとの問いに答えなさい。（２０点）

望美：　昨日，太宰府《だざいふ》に行ってきたの。たくさんの観光客がいたよ。

愛子：　①太宰府といえば，九州地方の支配と大陸との外交を担当した重要な場所だって学習したね。令和の由来《ゆらい》となる②和歌がよまれた場所としても注目されたよね。

信太：　僕は家族で山口の下関《しものせき》に行ってきたんだ。

愛子：　下関には何があるの？

望美：　たしか，③平氏が滅亡した（　④　）の戦いがおきた場所だったよね。

信太：　そうそう。この前の授業で学習したから行ってみたんだ。山口のことを調べていると，室町時代には水墨画《すいぼくが》を大成《たいせい》させた（　⑤　）が訪れた場所だとわかったよ。

愛子：　そういえば，山口は（　⑥　）藩とよばれていたよね。⑦江戸幕府を倒す中心となった藩よね。

望美：　あと，下関といえば，明治時代におきた⑧日清戦争の講和《こうわ》条約が結ばれたところじゃなかった？

信太：　そうだね。当時の会議で使われた机やいすが残っていて感動したよ。

愛子：　福岡や山口には，歴史が学べる場所がたくさんあるんだね。

問１　下線部①について，遣唐使《けんとうし》の廃止《はいし》を提案したのち，太宰府に流された人物を答えなさい。

問２　下線部②について，奈良時代に作られた和歌集を，次の**ア**～**エ**から１つ選びなさい。

ア　『古今和歌集《こきんわかしゅう》』　**イ**　『古事記《こじき》』　**ウ**　『万葉集《まんようしゅう》』　**エ**　『風土記《ふどき》』

問３　下線部③について，武士としてはじめて太政大臣《だいじょうだいじん》になり，政治の実権《じっけん》をもった人物を答えなさい。

問４　（　④　）にあてはまる語句を，次の**ア**～**エ**から１つ選びなさい。

ア　関ヶ原《せきがはら》　**イ**　壇ノ浦《だんのうら》　**ウ**　桶狭間《おけはざま》　**エ**　長篠《ながしの》

問５　（　⑤　）にあてはまる人物を答えなさい。

問６　（　⑥　）にあてはまる語句を，次の**ア**～**エ**から１つ選びなさい。

ア　長州《ちょうしゅう》　**イ**　薩摩《さつま》　**ウ**　肥前《ひぜん》　**エ**　土佐《とさ》

問７　下線部⑦の時代のできごとを，次の**ア**～**エ**から１つ選びなさい。

ア　足利義満《あしかがよしみつ》が京都に金閣《きんかく》をたてる。

イ　藤原道長が摂政《せっしょう》となり実権をにぎる。

ウ　キリスト教を禁止し海外との貿易を制限する。

エ　農民から武器をとりあげる刀狩令《かたながりれい》をだす。

問８　下線部⑧について，次の問いに答えなさい。

⑴　右の写真は，この条約を結ぶ会議の様子です。Aの人物は，当時の外務大《がいむだい》臣《じん》を務《つと》めた人物ですが，この人物は不《ふ》平等条約《びょうどうじょうやく》の改正《かいせい》を行ったことで知られています。この人物の名前を答えなさい。また，どのような点を改正したのか，説明しなさい。

⑵　日清戦争後について述べた文として正しいものを，次の**ア**～**エ**から１つ選びなさい。

ア　賠償金《ばいしょうきん》を得た日本は，軍事力の強化のために使用した。

イ　議会を開く要求が高まり，大日本帝国憲法《けんぽう》が制定された。

ウ　ロシアに対抗するため，アメリカと同盟を結んだ。

エ　欧米を視察《しさつ》するために，岩倉《いわくら》使節団が派遣された。

⑶　この条約を結んだあと，日本に対してロシア・ドイツ・フランスが清に領土の一部を返すよう求めてきたことを何といいますか。

4　授業中の先生と生徒たちの会話を読み，あとの問いに答えなさい。（１４点）

先生：　今日はみなさんに，日本人の ① さんについてお話します。

信太：　たしか福岡県出身の医師で，海外でも活躍《かつやく》された方ですね。

先生：　そうです。彼《かれ》は②１９８４年からおよそ３５年間，パキスタンや③アフガニスタンで医療《いりょう》活動や生活支援《しえん》活動をおこないました。アフガニスタンでは，用水路を建設して干《ひ》上がった農地に水を引き，貧困《ひんこん》に苦しむ６０万人の命を救ったと言われています。アフガニスタン政府は，彼のことを「最大の英雄《えいゆう》」，「もっとも勇敢《ゆうかん》な男」とよびました。しかし，２０１９年１２月４日，アフガニスタンの武装勢力に襲《おそ》われて命を落としました。彼は生前，「日本人だから命拾いしたことが何度もあった。④憲法第９条は，日本にくらす人々が思っている以上に，大きな力で僕《ぼく》たちを守ってくれている。」と語っていました。彼は，平和な信頼《しんらい》関係をきずくことが自身の⑤安全を保障する一番の方法だと考えていただけに，残念でなりません。

望美：　彼の死後，アフガニスタンでの活動は終わってしまったのですか。

先生：　いいえ。彼はＮＧＯ団体ペシャワール会を設立し，現地代表として活動していました。彼の遺志と活動はその組織によって受けつがれています。

愛子：　憲法第９条については，その改正に賛成か反対か，国民の中でも意見が分かれますね。憲法改正の方法は，国によってちがいますか。

先生：　ちがいます。各国それぞれ，⑥憲法改正の方法や必要な条件をもっています。

信太：　この前テレビで，［ ⑦ ］の住民たちが，中国政府の条例改正案に対して反対デモをおこなっているのを見ました。デモの参加者の中に，１０代の若い人たちがたくさんいたことにとても驚《おどろ》きました。

先生：　地域，国，そして国際社会がかかえる課題は複雑ですが，ひとりひとりが責任をもって考えることが大切です。みなさんも［ ⑧ ］歳《さい》になると選挙権をもち，国民のひとりとしてさまざまな課題と直接向き合っていくことになります。⑨権利を得ると同時に責任を負うことになります。

問１　［ ① ］にあてはまる人物を，次の**ア**～**エ**から１つ選びなさい。

ア　野口英世《のぐちひでよ》　**イ**　杉原千畝《すぎはらちうね》　**ウ**　中村哲《なかむらてつ》　**エ**　新渡戸稲造《にとべいなぞう》

問２　下線部②について，１９８４年以前のできごとを，次の**ア**～**エ**から１つ選びなさい。

ア　ソビエト連邦《れんぽう》が解体した。

イ　日中平和友好条約を結んだ。

ウ　日本の元号が昭和から平成に変わった。

エ　アメリカ同時多発テロがおこった。

問３　下線部③のアフガニスタンの位置を，地図中**ア**～**エ**から１つ選びなさい。

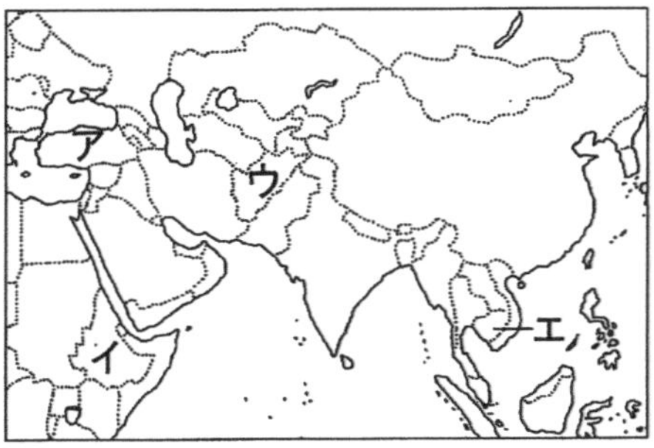

問４　下線部④の憲法第９条の説明としてまちがっているものを，次の**ア**～**エ**から１つ選びなさい。

ア　同盟国以外の国の戦争は支援しない。

イ　日本が他国と戦争をする権利を認めない。

ウ　陸軍・海軍・空軍そのほかの戦力は持たない。

エ　武力によるおどしや武力の行使を放棄《ほうき》する。

問５　下線部⑤について，国際平和を守り，国同士の争いなどを解決することを目的とする，国際連合の重要な機関を何といいますか。

問６　下線部⑥について，日本の憲法改正に必要な条件として正しいものを，次の**ア**～**エ**から１つ選びなさい。

ア　閣議《かくぎ》での全会一致

イ　国会議員の過半数の賛成

ウ　国民投票で過半数の賛成

エ　地方議会議員の３分の２以上の賛成

問７　[⑦]には，１５０年以上にわたってイギリスの植民地とされ，１９９７年に返還《へんかん》された中国の都市名が入ります。その都市名を，次の**ア**～**エ**から１つ選びなさい。

ア　南京《ナンキン》　　**イ**　青島《チンタオ》　　**ウ**　上海《シャンハイ》　　**エ**　香港《ホンコン》

問８　[⑧]にあてはまる数字を答えなさい。

問９　わが国の国民の権利の説明としてまちがっているものを，次の**ア**～**エ**から１つ選びなさい。

ア　すべての人がどのような宗教でも信仰できる。

イ　すべての人が職業を自由に選ぶことができる。

ウ　すべての人が住む場所を自由に決めることができる。

エ　すべての職業の人がストライキをすることができる。

2021(R3)久留米信愛中
教英出版

3	問1		問2		問3	
	問4		問5		問6	
	問7					
	問8	(1)	人物名			
			内 容			
		(2)		(3)		

※

4	問1		問2		問3		問4	
	問5				問6		問7	
	問8	歳	問9					

※

受験番号

得点	※50点満点

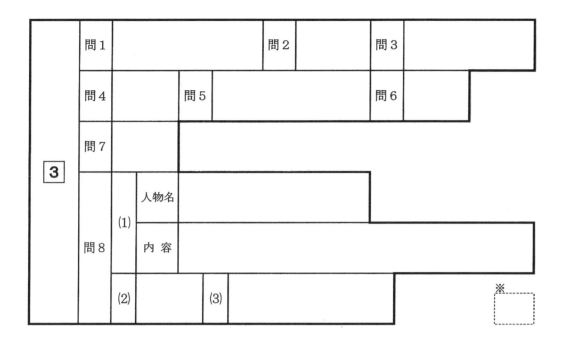

2021(R3)久留米信愛中
教英出版